LES CAUSES DE LA GUERRE

SOLUTION

A

LA CRISE ACTUELLE

LES CAUSES DE LA GUERRE

SOLUTION

A LA

CRISE ACTUELLE

PAR

EVARISTE BAVOUX

Trojanas ut opes et lamentabile regnum
Eruerint Danai, quæque ipse miserrima vidi,
Et quorum pars magna fui.... Quis, talia fando,
Temperet à lacrymis!....

PARIS

A. SAUTON, LIBRAIRE

41, RUE DU BAC, 41

—

1871

AVANT-PROPOS.

Le bilan politique et militaire dont voici le résumé n'est inspiré par aucun esprit de parti. Bien au contraire :

L'esprit de parti a fait en France trop de victimes, a trop amoncelé de ruines et de bouleversements pour continuer encore son œuvre de destruction. Il doit être fatigué de son métier de démolisseur. — Trop de gouvernements ont été renversés par lui les uns sur les autres, donnant l'exemple et le spectacle du chaos, *imponens Pelio Ossam*, pour laisser l'espoir de jamais fonder d'édifice durable sur des assises aussi mobiles et des travaux si violemment interrompus par de perpétuelles secousses. Le cardinal Dubois, d'odieuse mémoire, se livrait aux intempérances d'un caractère emporté, brisant tout, détruisant tout ce qui tombait sous sa main dans ses accès de colère. Un de ses secrétaires, opposant un jour le sang-froid à ses fureurs, lui dit tranquillement: « Monseigneur, je vous proposerais, pour remédier à vos impatiences du retard dans les travaux, le choix d'un simple employé supplémentaire dans votre cabinet, chargé spécialement de jurer pour Votre Grandeur. Cela vous épargnerait un temps précieux qui, appliqué à l'examen des affaires, en abrégerait et en faciliterait singulièrement l'expédition. »

Le conseil était bon et le serait ici à la nation française. Si, au lieu d'employer et de perdre tant d'efforts et de temps à une œuvre de destruction périodique, à des fureurs politiques, à des convulsions spasmodiques qui sans cesse agitent la société, sous prétexte de l'améliorer, de la guérir de maladies imaginaires, lui en donnant qu'elle n'a pas, elle s'en remettait à des hommes de son choix, à un gouvernement stable du soin d'accomplir pour elle cette besogne ingrate et pénible de diriger les affaires, de faire tête aux difficultés, aux orages, la nation, libre de ce souci et de ces soins laborieux, pourrait se dévouer toute entière au labeur de ses professions diverses. Chacun, à sa tâche dans cette vaste ruche nationale, dans cette fourmillière infatigable, centuplerait les forces productives du pays, en développerait la prospérité et la grandeur, en en consolidant la base. Imaginons-nous à quel degré monterait le niveau social, en quelles proportions s'épanouirait le génie national, tranquille, assuré de son avenir, consacré sans partage aux travaux et aux progrès de ses propres créations. Au lieu de consumer tant de jours et de nuits aux tranchées de la guerre civile, aux canonnades fratricides, ou même aux réunions publiques, atmosphère empestée, si les arts, les sciences, l'industrie, le commerce, l'agriculture, le travail professionnel, en un mot, sous toutes les formes, peuplaient librement, quotidiennement nos innombrables chantiers d'ouvriers volontaires, actifs, intelligents, honnêtes, comme sont presque tous nos braves travailleurs, peut-on se figurer les immenses produits de ce vaste laboratoire? Au lieu d'accumuler tous ces décombres sous le feu de ces fureurs démagogiques, aussi insensées que cruelles, si le grand ouvroir national accumulait ses trésors d'invention, d'habileté, peut-on se rendre compte de notre puissance croissante d'année en année?

Il est donc vrai de dire que, pour obtenir de semblables merveilles, il suffirait du procédé conseillé au cardinal Dubois, avec cette différence qu'appliquée au vicieux cardinal, il n'aurait jamais donné que des produits viciés par leur origine, tandis qu'appliqué à notre nation, il émerveillerait l'univers par la splendeur de ses œuvres.

Témoins et victimes de ces fureurs des partis, gardons-nous, en conséquence, d'en perpétuer les ravages.

Les Prussiens nous ont accablés sous le poids de leur domination victorieuse. Ils en ont abusé, et c'est là ce qui est odieux de leur part. Car s'ils en avaient usé avec modération, comme l'Angleterre elle-même, qui cependant n'est pas chevaleresque, à certaines époques, de nos défaites dans nos longues guerres avec elle, dont nous allons ici évoquer les tristes souvenirs, eh! bien, nous pourrions reconnaître qu'ils usaient du droit rigoureux de la victoire. Mais nos révolutionnaires ont-ils cette excuse? Loin d'être des étrangers, des ennemis, ils semblent puiser, dans leur qualité même de compatriotes, une fureur plus ardente à la lutte, au combat. Fruit corrompu des passions politiques qui, surexcitées par les haines, les convoitises de partis, poussent les concitoyens à la guerre civile.

Guerre civile, guerre étrangère, double fléau dont l'un parfois, imposé par l'honneur, peut du moins offrir à une nation, menacée dans ses intérêts ou dans sa grandeur, certaines compensations heureuses; tandis que l'autre n'a que des douleurs sans joies, même dans la victoire.

Cherchons donc, au milieu des lamentables épreuves où nous ont plongés de trop vieilles querelles, la guérison de nos maux dans les maux eux-mêmes. Nous avons été effroyablement vaincus et opprimés dans nos défaites, accablés de charges terribles. La seule ressource qui nous reste, et elle peut être féconde, si nous voulons en user avec résolution, c'est le travail. Le travail, pour être utile, doit être assuré de lui-même, et sa sécurité ne peut venir que de l'union, de la confiance et de la stabilité. Oublions donc nos dissentiments, ou plutôt ne nous en souvenons que pour les maudire et les fouler aux pieds. La leçon est dure; profitons-en du moins.

Par suite de cette instabilité, qui déjà tant de fois a transformé en France la révolution en un rouage moderne de gouvernement, elle a pris droit de cité chez nous. On fait aujourd'hui à Paris des révolutions, comme on y fait une industrie quelconque; ce n'est pas seulement un article de fabrication française, mais un article de fabrication parisienne, avec la mode et l'estampille parisienne. Vous avez un gouvernement quelconque, dirigé par des hommes, même animés des meilleurs sentiments; il commettra des fautes, des erreurs, c'est inévitable à la faiblesse humaine. Vite une opposition, recrutée dans tous les partis hostiles, les épie, les enregistre, les contrôle, les proclame avec exagération, avec fureur, les envenime et les transforme en crimes. L'opinion s'émeut, s'alarme, s'irrite ; puis, au premier faux pas, chacun crie haro ! sur la pauvre victime. Une troupe ameutée se rue sur l'Hôtel-de-Ville, criant : « Déchéance ; Vive la République ! » Le tour est fait. Les écussons, les emblèmes du gouvernement renversé sont arrachés ; l'armée, injuriée comme une vile troupe de mercenaires, est désarmée, traînée aux cabarets pour y fraterniser avec l'insurrection ou expulsée ; et la Révolution triomphante proclame la République. Une bande d'oiseaux de proie se précipite sur le charnier ouvert à leur voracité gloutonne : les places, les traitements sont dévorés par eux avec avidité. Leur appétit n'est surpassé que par leur grossièreté. Et voilà nos nouveaux maîtres. La liberté vociférée par eux devient licence et férocité.

Personne ne contredira cet historique révolutionnaire du 4 septembre et du 18 mars, compliqué de la défaite nationale sous le feu prussien.

Il faut en finir ; et puisque nous n'avons pas de gouvernement, il faut nous en donner un, cette fois avec la résolution de nous y tenir.

Sera-ce la République ?

Pourquoi non, si elle est possible ? La grosse difficulté à l'existence de la République chez nous, c'est que ce soit précisément parmi les républicains que depuis quatre-vingts ans elle trouve ses plus redoutables ennemis. Vainement, en effet, quelques hommes dans ce parti se signalent-ils, comme MM. Grévy, Barthélemy St-Hilaire, Victor Lefranc, Hauréau, Henri Martin, noms estimés; Bethmont, Marie, mémoires vénérées et chères, et bien d'autres encore sans doute, par la hauteur du talent, par l'austérité du caractère et la loyauté des convictions; ils ne forment qu'un groupe isolé et impuissant au milieu d'une cohue qui les déborde et les domine. Les exigences et les appétits intempérants de ces orateurs de carrefours, de ces hôtes avinés d'estaminets pour l'état-major, de cabarets pour les soldats, recrues tapageuses et tarées de la police correctionnelle, de Sainte-Pélagie, de Mazas et de Cayenne, précipitent tous ces mendiants à la curée. L'administration est envahie par ces vauriens déguenillés et illettrés. C'est comme un débordement des eaux infectes d'un marais dans une société plus ou moins élégante. « C'est nous qui *sont* les princesses, » dit la femme d'un membre du Gouvernement provisoire de 1848. Cri d'orgueil de l'aristocratie républicaine, qui la caractérise et la marque du fer chaud sur le gibet révolutionnaire. Ce n'est pas avec de semblables garnements que la France peut consentir jamais à marcher dans les voies républicaines; et pourtant ils n'admettent pas de république sans eux. Voyez 1848; voyez 1870.

Croyez-vous pouvoir vous débarrasser de cette tourbe nauséabonde? Essayez, soit. Mais combien de temps durera l'essai? Pourrez-vous jamais rassurer l'opinion publique? Dans ce pays si mobile où la terre ferme est un sable que soulève le moindre souffle du vent, la moindre brise d'orage, la République ne va-telle pas encore volatiliser davantage cette poussière du sol ?

Si ce n'était ces doutes, eh bien ! oui, l'épreuve pourrait être tentée. Il est satisfaisant, en effet, pour l'esprit, de supposer une grande nation se gouvernant elle-même librement, sagement. La France est-elle apte à cette tentative ? Essayons ; mais combien durera l'essai ? A-t-il commencé au 4 septembre ? La ruine du pays, pendant les neuf ou dix mois de guerre étrangère et de guerre civile que nous venons de traverser, doit-elle être portée au compte de la République du 4 septembre, à son passif, probablement ? Non ; elle n'en veut pas. Mais au compte de qui faut-il mettre cet arriéré ? Elle n'en veut pas. — Mais cependant personne ne l'a forcée à prendre le gouvernement de la France. C'est bien elle, elle toute seule qui, de son plein gré, s'est précipitée sur l'Hôtel-de-Ville, le 4 septembre, comme le 18 mars ; s'est proclamée elle-même, après avoir proclamé la déchéance de tous les pouvoirs publics, fermé, comme Cromwell, le Parlement, avec la clef dans sa poche. C'est bien elle qui a fait spontanément toutes ces choses et bien d'autres encore. Il semble donc difficile qu'elle en décline la responsabilité. Ainsi voilà bien près d'une année que l'expérience dure. Faut-il la continuer encore ? Celle de 1848 a moins mal réussi et n'a pas plus duré. Prolongeons pourtant l'épreuve.

Quand notre République de fait croira l'épreuve suffisante, elle nous le dira, puisque c'est elle qui tient aujourd'hui le gouvernail de l'Etat dans ses mains ; et alors, si le pays a un reste de forces, un reste de vie, si les éruptions volcaniques de l'Etat républicain, éclatant ici et là, ont laissé à notre malheureuse nation quelque liberté d'esprit, quelque lueur de sa raison, quelque sentiment d'elle-même, elle pourra acclamer le gouver-nement auteur de ces bienfaits, et en pleine connaissance de cause, en pleine gratitude, s'écrier :

Deus nobis hæc otia fecit,

Puis saluer la République.

Sérieusement, la difficulté de la situation est grave.

Un gouvernement de fait existe aujourd'hui ; c'est la République, née de l'émeute. Sur cette République d'aventure, la guerre étrangère a greffé nos désastres et une paix désastreuse, mais forcée. Cette paix ne pouvait même être obtenue qu'avec l'adhésion de la France qui y a douloureusement, mais forcément adhéré.

L'Assemblée, nommée pour cette œuvre, a nommé une administration provisoire, sorte de séquestre d'une maison ruinée. Le jour de la liquidation arrive, après tant de sinistres. Les affaires ont chômé ; on ne peut laisser en souffrance tant d'intérêts. Il faut donc reprendre le travail, comme nous le disions tout à l'heure. Avec lui tout peut être sauvé lentement, péniblement, car nous avons bien des ruines à réparer. Mais enfin sous quels auspices, sous quelle forme pouvons-nous trouver cet abri tutélaire du travail et de la réparation ? La République semble d'abord offrir cette neutralité entre les partis belligérants, c'est vrai. Mais une trève suffit-elle ? Et la paix est-elle possible sous son égide ?

Si la paix ne semble pas durable, mieux vaut adopter une autre solution et arborer le drapeau monarchique.

C'est là le second aspect qui frappe nos regards. Et, franchement, loyalement, patriotiquement, nous cherchons à nous rendre compte de cette question complexe. La monarchie! laquelle? Le choix de l'une ne va-t-il pas déchaîner de nouveau contre elle toutes les fureurs des partis exclus?

D'ailleurs, même pour en venir à cette option, comment consulter le pays? Sous quelle forme? A l'aide de quel formulaire? La manière de poser la question aura une importance considérable sur sa solution.

Le gouvernement chargé de la soumettre au peuple cherchera-t-il à l'éluder ou la lui présentera-t-il, comme nous devons l'espérer, simplement, honnêtement? Lui demandera-t-il, par exemple : voulez-vous : 1° la république ou la monarchie? 2° Si vous voulez la monarchie, quelle est celle que vous préférez?

Est-ce l'ancienne monarchie de la légitimité?

Est-ce la monarchie d'Orléans?

Est-ce l'Empire?

Déjà certaines objections surgissent contre la forme plébiscitaire que les anciens partis semblent redouter comme un souvenir de l'Empire. Qu'est-ce pourtant qu'un plébiscite, sinon, comme sa dénomination même l'indique, l'avis du peuple? Républicains, prétendus apôtres de la liberté, dont vous semblez plus soucieux dans l'opposition qu'au pouvoir, craignez-vous la libre expression du sentiment populaire? Nous le verrons bien au moment du vote ; nous sommes sur nos gardes. Et si nous sommes prêts à nous incliner devant l'urne nationale, c'est à la condition qu'elle sera ouverte à la confidence sincère du vœu public.

Sous ces réserves, qui sont celles de toute conscience honnête, revenons-en à notre point de départ : l'oubli, l'abdication des partis ; l'union de tous dans le choix, sous la loi de la majorité. A ce prix seul la France peut reprendre courage. Notre conviction profonde nous démontre que c'est désormais pour elle une question de vie ou de mort.

LES CAUSES DE LA GUERRE

SOLUTION

A

LA CRISE ACTUELLE

NOTE PRÉLIMINAIRE.

ANALOGIES HISTORIQUES.

§ 1ᵉʳ. — *Etude politique.*

En ces jours de douleur et de deuil, le recueillement est un besoin de l'esprit. Il semble qu'au milieu de ce trouble public, on se doive à soi-même un compte fidèle de ses propres pensées. C'est comme un examen de conscience. Dans cette lutte intestine de la patrie, dans ce grand cataclysme, chacun a-t-il fait son devoir ? Chacun a-t-il payé son écot de civisme, de patriotisme ? Hélas ! si chacun s'imposait l'obligation de s'interroger en silence, en toute sincérité, l'addition deviendrait peut-être favorable à cette comptabilité morale qui s'appelle le bonheur public. Mais dans ce désordre universel, qui s'appelle l'anarchie, il est douteux que ce compte rendu soit bien généralement sévère. Chacun s'abandonne à ses instincts plus qu'à sa raison, à ses passions plus qu'à sa réflexion, à ses intérêts plus qu'à son devoir. Aussi la société est-elle ébranlée jusque dans ses fondements, la patrie menacée par ses propres enfants d'un véritable parricide.

Le pouvoir absolu a ses écueils ; la liberté, les siens. Le pouvoir absolu peut produire l'asservissement des masses ; la liberté,
leur anarchie. L'asservissement des masses, c'est l'oppression
exercée par un seul ; l'anarchie, c'est l'oppression anonyme exercée par la foule. Ce sont les deux termes de ce double problème
qui sont difficiles à fixer dans leurs points intermédiaires.

Là est la science politique : étude longue, laborieuse, variable
selon les temps et les nations. Tout le monde s'en mêle et s'y
croit compétent. De là le désordre social. Les professions diverses sont soumises à des règles spéciales : le médecin, l'avoué, le
notaire, l'avocat, le géomètre, se préparent à leur carrière par
des travaux, des examens préliminaires. Le gouvernement des
hommes paraît seul, dispensé de ces formalités préalables. Parce
que le premier venu se donne le droit de critique, de contrôle
sur l'administration du pays, il en conclut qu'il est maître èsscience et qu'il peut gouverner l'Etat. De là cette discussion,
cette polémique incessante dans les réunions, dans la presse,
cette divagation des esprits, cette insubordination générale qui
fomente les désordres et enfante les révolutions. Non qu'il s'agisse, à notre avis, de comprimer, sous aucune entrave, l'élan
intellectuel de ce génie national qui a fait et fera, espérons-le,
la gloire et la grandeur de la France. Bien au contraire : que
dans les lettres, les sciences, les arts ; que dans l'industrie, le
commerce, l'agriculture, l'art militaire, elle cède à l'essor de son
activité, de cet esprit inventif et fécond qui la met au premier
rang des nations. Rien de mieux ; et il y a dans ce rôle de la
civilisation moderne une légitime et noble ambition. L'espace
dans ces voies est assez vaste pour donner place à toutes les
tentatives, à toutes les audaces, à toutes les découvertes, et c'est
par elles que se développe la prépondérance d'un grand peuple.

Mais pourquoi concentrer toutes ses luttes sur une préoccupation exclusive et exclusivement politique ? C'est précisément la
question où la foule est incompétente. La vie politique est
comme la vie administrative, agricole, industrielle, ouverte à
toutes les aptitudes ; comme toute autre, elle veut des études
spéciales, suivies ; accessible sans doute à tous, comme les
autres, et c'est là le vrai principe d'égalité, elle se recrute d'adeptes, que leurs goûts, la curiosité de leur esprit disposent à
l'étude si laborieuse, si compliquée du gouvernement des

hommes. Mais s'imaginer que parce qu'on écrit ou *on lit* un article de journal sur tel ou tel projet de loi, sur tel ou tel acte d'un ministre, on est propre à tout emploi politique, c'est une grave, une dangereuse erreur. C'est cette erreur qui peuple nos ateliers, nos places publiques, nos cabarets de Lycurgues improvisés et ignorants, et transforme notre société en arène sanglante. Le pugilat, le fusil, le canon se substituent à la recherche pacifique et philosophique de la vérité, la violence à l'examen. Tout devient confusion, chaos, et la civilisation, au lieu du progrès, des lumières, du bonheur, trouve dans ces douloureuses épreuves l'obscurité, l'anéantissement. Folies furieuses d'une démagogie en délire qui compromet et perd nos destinées.

Repoussons donc de nos mépris et de notre réprobation cet empirisme de charlatans forains qui prennent les ivrognes pour des orateurs et les sots pour des savants. L'indiscipline, la révolte à toutes les lois du bon sens et de la raison nous ont perdus dans cette terrible lutte avec la Prusse ; cherchons du moins à tirer de nos affreuses défaites un enseignement, une leçon, un avantage, acheté si cher. Ce qui nous a perdus avec eux, c'est notre indiscipline militaire; ce qui nous a perdus avec nous-mêmes, c'est notre indiscipline politique. Sur les champs de bataille, dans nos marches et contre-marches, le désordre, l'insubordination ; dans les conseils délibérants, le flot mugissant de la révolution. Tout est submergé, et le navire sombre avec l'équipage. Que dirait-on d'un vaisseau qui, aux prises avec la lame furieuse, avec la tempête, serait en proie à la lutte acharnée des matelots entre eux? Au lieu d'obéir aux ordres réfléchis de leurs chefs, ils s'insurgent, se mutinent, se précipitent les uns sur les autres, la menace à la bouche, l'arme au poing, le fusil à l'épaule, la mèche aux canons pointés sur les écoutilles. Au lieu de tourner leurs armes et leurs manœuvres contre l'ennemi du dehors, bourrasque ou soldat, qui monte à l'abordage, ils se battent entre eux sur le pont, où ruissellent des flots de sang. A cette lutte acharnée, que devient le plus beau navire? Une masse inerte et impuissante.

Ainsi en est-il de la France affaiblie, mutilée par ceux qui devaient la défendre. La Prusse nous combattait ; ils font cause commune avec elle. Accablés, écrasés à Reichshoffen, à Sedan, par la discipline et l'artillerie prussienne, nous répondons à cette formidable puissance par les foudres révolutionnaires et républicaines, c'est-à-dire par le désordre et la confusion. Et puis, quand l'amputation est consommée, sous les yeux, en présence même de l'exécuteur des hautes-œuvres , un bourreau, bien autrement impitoyable que notre vainqueur lui-même, prend à la gorge la patrie mourante et l'égorge d'une main, nous le répétons, parricide.

Tout cela, c'est l'œuvre impie de la révolte, du démon révolutionnaire. Supprimez la révolution en France , remplacez-la par la discipline merveilleuse de nos inexorables vainqueurs, et la France, reprenant possession d'elle-même, de son puissant génie, de ses innombrables facultés, remonte au premier rang des nations, au sommet de sa gloire.

§ 2. — *Rapprochements historiques.*

Un écrivain, un homme d'Etat, éminent par son expérience octogénaire et par ses grands services, M. Guizot, condamnant, mais avec une indulgence toute philosophique, les saturnales révolutionnaires dont Paris était le théâtre, semble rassuré sur nos misères actuelles par les inépuisables ressources d'un pays accoutumé déjà tant de fois à se sauver de semblables épreuves. C'est vrai assurément. Mais d'abord, est-il bien sage de signaler avec une certaine quiétude la dextérité avec laquelle s'opèrent ces exercices révolutionnaires ? N'est-ce point, par la confiance même, en encourager l'imprudence et le retour ? Et puis, n'est-il pas vrai aussi, comme le reconnaîtra le vénérable M. Guizot, du haut de sa science historique, que jamais la France n'a été frappée de calamités plus complexes et plus graves ? En fouillant notre histoire à ses dates les plus sombres, en trouve-t-on une seule comparable à celle où nous sommes ? Celle de nos guerres séculaires avec l'Angleterre a peut-être cette lugubre analogie : la captivité de Jean-le-Bon à Londres, l'invasion, la domination d'Edouard III, de Henri V, de Henri VI, *rois de France et d'Angleterre ;* de Bedford, *Régent de France,* forment le comble de nos humiliations nationales. La série de nos défaites à Crécy, à Poitiers, Azincourt, Calais, avait creusé l'abîme où paraissait s'ensevelir la France. Bedford, frère de Henri V, investi de la toute-puissance, sous le titre de Régent, assista tout seul aux funérailles de l'infortuné Charles VI ; et « on proclama roi à » Paris et à Londres Henri VI, fils de Henri V, enfant de neuf » mois. La Ville de Paris envoya même jusqu'à Londres des dépu » tés pour prêter serment de fidélité à cet enfant ([1]). »

Aujourd'hui, sommes-nous tombés plus bas ? non. Aujourd'hui, comme alors, nous sommes au pouvoir d'un odieux vainqueur ; aujourd'hui, comme alors, notre territoire est démembré par lui et pour lui ; aujourd'hui, comme alors, souillé du talon de sa botte victorieuse le sol de la capitale, aujourd'hui, comme alors, il a démoli des maisons autour de Paris, pour avoir du bois de chauffage ; aujourd'hui, comme alors, « les factions, sous prétexte de réformes, la guerre civile, » rendaient Paris redoutable, en formant un camp crénelé, éta- » blissant des chaînes dans les rues, pour servir de retranchements » contre les séditieux ([2]). » Si l'art des barricades a fait des progrès entre les mains des séditieux eux-mêmes, nous ne pouvons nier les rapprochements cruels de ces époques néfastes. Mais n'en sommes-nous pas aujourd'hui plus malheureux en étant plus coupables ? Oui, plus coupables, car c'est nous qui volontairement, sciemment, de nos propres mains, avons creusé l'abîme.

En 1346 a commencé dans les plaines de Crécy cette trilogie de désastres dont le dénouement, en 1415, nous a anéantis à Azincourt ; mais si les longues luttes de la France avec l'Angleterre avaient épuisé ses forces, ce n'était pas comme aujourd'hui une seule défaite, aggravée par la faute en quelque sorte volontaire de ses propres enfants. C'est pour la France aujourd'hui un véritable suicide ; voilà ce qui incrimine le crime lui-même de nos révolutionnaires modernes. De leurs propres mains, ils déchirent le sein de la mère-patrie. Atteinte d'une blessure pro-

---

([1-2]) Henri V disait que Dieu l'amenait par la main pour punir les Français de leurs désordres et de leurs fureurs (en 1420). Devenu roi de France, il entra dans Paris paisiblement et y régna sans contradiction, tandis que Charles VI, privé de la raison, était enfermé avec ses domestiques à l'Hôtel Saint-Paul. En 1422, Henri V mourut au château de Vincennes. Son corps fut exposé comme celui d'un roi de France à Saint-Denis, puis porté à West-minster. — Charles VI expira aussi, moins roi de France que Henri V.— (Voltaire : *Essai sur les Mœurs*, t. XVI, p. 358, 388, 390, 393, 391. L'Anglais n'avait qu'à marcher sur Paris et à subjuguer un royaume divisé, épuisé, qui n'était qu'une vaste ruine (Id., p. 438), et il y marcha.)

fonde, sans doute, mais depuis longtemps cicatrisée, s'ils y avaient consenti, à Sedan ; elle s'est vue poursuivie, massacrée par d'impitoyables Procustes, qui, sur leur chevalet, l'ont, depuis le 4 septembre, comme après le 18 mars, mutilée, amputée, anéantie. *Sous prétexte de réformes* politiques, comme dit le philosophe de Ferney, ces républicains, ces réformateurs, plus impitoyables que les Prussiens mêmes, par leur acharnement à outrance, par leur ignorance, par leur fanatisme insensé qui les pousse au miraculeux rajeunissement du vieil Eson, se font, oui, parricides.

Tel est le cri d'angoisse et d'indignation que nous arrache la cruauté de ces docteurs empiriques, de ces bateleurs politiques qui depuis près d'un siècle exécutent leurs parades sur les tréteaux révolutionnaires.

Les jours mauvais, à la mort de l'infortuné Charles VI, avaient fait place, sous l'inspiration de Jeanne d'Arc, à des jours meilleurs, et Charles VII, en 1437, faisait son entrée dans Paris. « Ces bourgeois, qui s'étaient signalés par tant de massacres, » allèrent au-devant de lui avec toutes les démonstrations d'af- » fection et de joie qui étaient en usage chez ce peuple grossier.

» Ce ne fut qu'en 1450 que les Anglais furent entièrement » chassés de la France, » dont un quart environ avait été en leur pouvoir depuis plus d'un siècle.

Les divisions intestines qui régnèrent alors en Angleterre contribuèrent, du reste, presque autant que l'héroïne de Vaucouleurs à notre délivrance, et ce même Henri VI, proclamé d'abord roi de France et d'Angleterre, à Paris même, fut détrôné à Londres, puis rétabli et détrôné encore (¹).

A cette époque s'écroulait en Orient l'empire Grec, soi-disant empire Romain ; en 1451, Mahomet II assiégeait Constantinople, qui se croyait la capitale du monde. L'ennemi était à ses portes, et divisé par des controverses sur le pain azyme, sur le mode de prier en grec ou en latin, abandonné par les autres puissances, par la France, à peine sortie de l'abîme où la guerre civile et la guerre britannique l'avaient plongée, Byzance tombait au pouvoir du vainqueur. L'empire Romain-Grec succombait sous le délire de cette parole grecque : « Mieux vaut ici un

---

(¹) Voltaire : *Essai sur les Mœurs*, t. XVI, p. 400, 428, 429, 476, 479, 491.

» turban qu'un chapeau de cardinal. » Et le turban fut arboré.
« Et la patrie des Miltiade, des Léonidas, des Alexandre, des
» Sophocle et des Platon, devint bientôt barbare. »

Le 13 septembre 1658, Olivier Cromwell mourait, âgé de
55 ans, d'une fièvre ordinaire, causée probablement par l'inquié-
tude attachée à la tyrannie ; car, dans les derniers temps, il crai-
gnait toujours d'être assassiné. Comme Louis XI, il ne couchait
jamais deux nuits de suite dans la même chambre. Après avoir
eu l'adresse d'engager un des Parlements convoqués par lui à
lui offrir en 1656 le titre de roi, pour le refuser et mieux conser-
ver la puissance réelle, il fut honoré de funérailles somptueuses,
déposé sur un lit de parade, la couronne en tête et un sceptre à
la main, puis enterré dans le tombeau des rois, d'où il fut exhumé
et porté au gibet par ordre du Parlement, sous Charles II.
Richard Cromwell, fils et successeur du Protecteur, vit rétablir l'ancien Parlement, qui avait fait coupe rla tête à Charles Ier,
et qu'ensuite Olivier Cromwell avait dissous avec tant de hauteur. Ce Parlement, qu'on appela le Parlement *croupion* (rump),
semblait idolâtre de la liberté.

Charles II paraissait abandonné de tout le monde, et on
croyait dans toutes les cours que la République anglaise subsis-
terait.

Le célèbre Monk, officier-général sous Cromwell, fut celui
qui rétablit le trône.

Les trois Royaumes alors n'étaient qu'une anarchie.

Monk, ne se sentant pas assez puissant pour succéder aux deux
Protecteurs, forma le dessein de rétablir la famille royale ; et au
lieu de répandre du sang, il embrouilla tellement les affaires par
ses négociations, qu'il augmenta la confusion et mit la nation au
point de désirer un roi.

Et en effet, le 8 mai 1660, Charles II, rappelé, fut proclamé
dans Londres (¹), où il fut rappelé et reçu aux acclamations de
toute l'Angleterre, fatiguée d'une guerre civile, qui, dans sa
triste férocité, fit subitement place aux plaisirs et aux magnificences dont l'esprit public était avide avec une cour nouvelle.
La guerre civile même fut tournée en ridicule par la nation, et
particulièrement par toute la jeunesse. La culture des lettres

______

(¹) Voltaire : *Essai sur les Mœurs*, t. XVIII, p. 277, 278, 279, 283, 286, 295.

reprit son essor, et, comme par un miracle, le caractère aimable et doux de Charles II rappela au sein de cette sombre société les lumières et les enchantements de la civilisation et du paisible travail. C'était en quelque sorte un reflet du grand siècle de Louis XIV, dont un rayon éclairait la cour un peu française de Charles II. Bientôt, voyant que la Chambre des Communes, qui avait détrôné et fait mourir son père, voulait déshériter son frère de son vivant, et craignant pour lui-même les suites d'une telle entreprise, il cassa le Parlement et régna sans en assembler désormais.

« Il le fit et fit bien, » comme dit le simple fabuliste La Fontaine ; car, dit à son tour Voltaire, « tout fut tranquille dès le » moment que l'autorité royale et parlementaire ne se choquè- » rent plus (¹). »

Vicissitudes terribles qui prouvent l'instabilité de la fortune, tantôt défavorable, tantôt propice aux princes comme aux peuples :

Tolluntur in altum
Ut lapsu graviore ruant..... (CLAUDIEN).

Vicissitudes terribles qui, avec la misère, la ruine, le désordre, laissent aussi après elles de douloureux enseignements. Ce serait du moins une compensation. Mais comment l'espérer d'une nation mobile, inconséquente comme la nôtre ? Aux époques dont nous recherchons les analogies avec celle où nous sommes, « le corps » de la nation n'avait été compté pour rien. Dans les républiques » même, à Venise, à Gênes, le peuple, sans être esclave, n'eut » jamais de part au gouvernement (²). » De ces guerres, comme des guerres saintes en Orient, naquit la liberté, *affranchissant* tous les serfs, parce que, disait-on, c'est le royaume des *Francs*. La liberté enfanta les Etats-Généraux, et avec eux les querelles, les dissensions, les factions, la prédominance des ambitieux, la guerre civile, la ligue, la fronde, et tous les maux de l'anarchie. « Les guerres d'Edouard III, de Henri V plongèrent le peuple » en France dans un état pire que l'esclavage (³). »

(¹) Voltaire : *Essai sur les Mœurs*, t. XVIII, p. 295.
(²-³) Voltaire : *Essai sur les Mœurs*, t. XVI, p. 428, 429, 430.

Il y a, en effet, un état pire que l'esclavage, pire que le despotisme, pire que la guerre étrangère : c'est la guerre civile. La guerre civile, c'est la guerre à la civilisation, à l'humanité. La guerre civile ramène le peuple qui en est atteint à l'état sauvage ; les passions factieuses, la haine, l'envie, prenant un masque trompeur, se déchaînent sous forme de dénonciations, d'incarcérations, de pillage, de vol et de meurtre. L'idole du jour, devient la victime du lendemain, et la liberté, au nom de laquelle se commettent tous ces forfaits, en porte la peine, y laissant pour de longues années, en hétacombe, ses dépouilles et son honneur.

CHAPITRE Ier.

CAPITULATION DE SEDAN.

La capitulation de Sedan a porté un coup fatal aux espérances
dix fois séculaires de la France sur les rives du Rhin. Depuis
Charlemagne, Louis XIV, Napoléon Ier, qui l'ont franchi et
dépassé, le mouvement de la France vers ses frontières naturelles
l'a sans cesse, à diverses époques, avec quelques interruptions,
avec intermittence, mais avec une persévérance irrésistible,
portée, entraînée vers ces limites tracées par la Providence. Oui,
c'est la nature, c'est Dieu lui-même qui semble, de son doigt,
avoir indiqué à la France, comme à l'Allemagne, comme à
l'Italie : « Voilà ton domaine ; ce fleuve, ces montagnes, cette
» mer forment ton enceinte. Dans cet espace se développeront
» tes destinées, ta grandeur, ton génie national. Tu iras jusque-
» là. Tu n'iras pas plus loin. » Plus loin, c'est la conquête,
c'est le fait de l'homme capricieux, hasardé, mobile. Les limites
naturelles sont comme la loi géographique, fixée par le créateur,
dans la répartition du domaine terrestre, aux différentes nations
qui l'habitent.

L'Allemagne aujourd'hui, la Prusse particulièrement, ne reconnaît pas cette interprétation d'une volonté supérieure.

« Un fleuve, dit-elle, n'a jamais été une frontière naturelle ;
une ligne de montagnes, peut-être ; parfois la différence des
langues. Mais ici le Rhin est plutôt une voie de communication
entre ses deux rives qu'une séparation, et la langue allemande
qui se parle sur ces deux rives atteste l'homogénéité de race

entre les populations *cispadane* et *transpadane* du Rhin. Que Charlemagne, que Louis XIV, que Napoléon Ier aient atteint, franchi, annexé telles ou telles provinces *cis-Rhénanes* ou *trans-Rhénanes*, c'est le sort des conquêtes plus ou moins éphémères. Les armes vous ont donné telle ou telle zone territoriale, les armes vous la reprennent. Vous n'avez rien à dire contre ces accidents variables de la guerre. »

Tel est le grand procès, tel est le duel engagé depuis plus de mille années entre l'Allemagne et la France ; duel terrible qui a pour témoin l'Europe tout entière, appelée, obligée souvent, comme les seconds autrefois dans les combats singuliers, à prendre part au combat. Mêlée forcément à la querelle, elle en a sans cesse porté la peine ; son repos, son honneur en ont été perpétuellement atteints, troublés. Son repos, son honneur sont donc engagés, intéressés à la pacification du débat. Tant qu'il restera ouvert, la paix sera précaire. Il y aura trève, suspension d'armes ; il n'y aura pas désarmement définitif.

C'est bien ce sentiment-là, sans doute ; c'est bien la conviction profonde de l'importance internationale de cette immense querelle qui a soulevé tous les esprits, toutes les passions en France, et les a enflammés à ce degré d'injustice et de fureur contre l'empereur Napoléon III, responsable, dit-on souvent, des effroyables désastres qui nous accablent, responsable de la chute, de l'ajournement nouveau de cette solution qu'on croyait toucher du doigt, qu'on croyait, l'an dernier, atteindre comme un but si longtemps poursuivi. La déception a été tellement cruelle, que les partis déchaînés en ont tiré un prétexte à révolution et à calomnie. Ne trouvant pas la victoire, ils ont fait une révolution et une république ; singulier remède à nos douloureuses défaites, qui en ont été subitement aggravées et incurablement frappées.

La calomnie, jetée aux fureurs populaires pour aider à la révolution, a été de prétendre que cette guerre avait été déclarée par l'Empereur dans un intérêt dynastique, exclusivement dynastique. Or, il importe à la vérité de l'histoire de rechercher précisément avec loyauté, avec impartialité, le caractère de cette guerre, hélas ! si terrible aujourd'hui, mais en même temps si tenace depuis tant de siècles. Et la conséquence de cette recherche, de cette démonstration, ne sera-t-elle pas cette conclusion fatale, certaine : que jamais une guerre n'a été dans sa cause, dans son origine plus dégagée d'arrière-pensée ambitieuse, dynastique, et, au contraire, plus obligatoire, plus nationale, plus patriotiquement populaire ? Que les moyens d'attaque ; que les préparatifs de campagne aient été insuffisants, imprudemment formés ; c'est une autre question grave, effroyable pour la responsablité du gouvernement impérial. Oui, sans aucun doute. Mais, en ce moment, au point de vue général des principes, examinant l'immense portée de ce problème international des frontières Rhénanes, cherchons d'abord à nous en rendre un compte sévère et éclairé.

Strabon, en juge impartial, détermine la nationalité de notre pays ; c'est à la suite d'une description du territoire de la Gaule, c'est-à-dire de la France considérée dans ses limites naturelles, que Strabon s'exprime ainsi :

« Une si heureuse disposition de lieux, par cela même qu'elle
» semble être l'ouvrage d'un être intelligent plutôt que le pro-
» duit du hasard, suffirait pour prouver la Providence ([1]). »

Puis l'historien auquel nous empruntons cette citation ajoute :

« On chercherait vainement, en effet, sur toute la surface du
» globe, une contrée plus admirablement disposée pour assurer
» l'indépendance, la prospérité, la prépondérance d'une grande
» nation. La vaste étendue de ce territoire, sa fertilité, la
» variété de ses produits, les rivières navigables qui l'arro-
» sent dans toutes les directions, cet Océan qui se joint à lui
» dans une ligne immense, pour le mettre en communication
» avec l'hémisphère atlantique ; cette autre mer, la Méditer-
» ranée, qui semble s'avancer pour recevoir ses richesses et
» porter à l'ancien monde les merveilles de son industrie ; les
» barrières de montagnes et de frimats qui le défendent au sud
» comme à l'est ; au nord ce grand fleuve, fils des Alpes, qui va
» se perdre dans des marécages et des lagunes, autre barrière
» contre les invasions de l'étranger ; enfin sa situation sous les
» zones tempérées, non moins favorable au travail matériel

([1]) Strabon, liv. 4, chap Iᵉʳ.

» qu'aux efforts de l'intelligence : c'est là sans doute une réunion
» d'avantages qu'aucun autre pays ne pourrait offrir. Il en
» résulte pour le peuple, uni par la Providence à ce beau ter-
» ritoire, un amour exalté de la patrie, d'inépuisables ressources
» dans la guerre, d'immenses améliorations dans la paix, et par
» conséquent un sentiment de sa puissance qui le porte aux
» plus grandes entreprises.

» Les avantages de situation, de production et d'étendue,
» dont la réunion distingue le territoire de la Gaule, doivent
» avoir eu, sur le peuple qui l'habite, une primitive et durable
» influence. La France n'est pas obligée d'être exclusivement
» guerrière, comme les Romains ; elle n'est pas non plus exclu-
» sivement commerçante ou industrielle, comme Tyr, Carthage,
» la Hollande et l'Angleterre ; elle n'est pas non plus exclusi-
» vement agricole : toutes ces facultés se trouvent chez elle en
» exercices, en équilibre ; elle possède en elle-même sa force, sa
» puissance et sa richesse ; elle peut être juste, généreuse et
» sublime, sans compromettre son existence et sa sûreté ; en un
» mot, elle a, plus que Rome, le droit de s'appeler éternelle (¹). »

Même sous Vespasien, empereur, étaient établis des camps le
long du Rhin, afin de défendre cette frontière contre les invasions germaines. Dès cette époque, la garde du fleuve devint le
poste le plus important de la domination romaine (²).

C'est donc bien là le caractère, l'essence de la nationalité
française déterminée, précisée par la volonté de Dieu, par la loi
de la nature, si vous voulez amoindrir les proportions de cette
question cosmographique. Mais même dans cet état de réduction
philosophique et sociale, elle reste considérable et impérieuse. Si
impérieuse que peut-être en ces points cardinaux l'homme d'Etat
et l'historien trouveraient-ils l'explication des déchirements
qui depuis plusieurs siècles ont ensanglanté la France, l'Allemagne, et par elles l'Europe. Prenez-le de Henri IV, sans remon-
ter plus haut, de Louis XIII, de Louis XIV, de Napoléon Iᵉʳ.
Supposez, par une répartition rétrospective, la France en possession paisible de son territoire jusqu'au Rhin, et voyez si les

----

(¹) *Histoire de France* depuis la Gaule primitive, 4ᵉ édit., corrigée et anno-
tée, par M. Lefranc. (Introduction.)
(²) *Id.*, t. Iᵉʳ, p. 56.

guerres acharnées, depuis Charles-Quint, avec les impériaux, avec l'Autriche sous Richelieu, auraient eu lieu, et si le réglement de ces conditions d'équilibre européen n'aurait pas affranchi l'humanité de ces luttes inutiles et sanglantes qui ont désolé l'Europe et la civilisation.

Il nous est donc démontré que les confins de la France à l'Est, c'est le Rhin, et que l'intérêt permanent de l'Allemagne, de la Prusse, de l'Europe même eût été, depuis plusieurs siècles, de les fixer ainsi (¹). La France eût été, à ces conditions, tranquille, et de sa tranquillité eût résulté celle de l'Europe. Ce n'était pas cela une ambition inacceptable : c'était justice.

La Prusse en avait bien le sentiment, lorsque son premier ministre, M. de Bismarck, avec sa sagacité d'homme d'Etat, sondait par quelques insinuations, malheureusement repoussées, les secrètes préoccupations de Napoléon III. Que de maux eussent été prévenus, si l'empereur eût prêté l'oreille à ces ouvertures diplomatiques ! (²)

(¹) Sous Henri II, la France rentre dans ses limites naturelles, *première sécurité des Etats*. (*Histoire de France*, par E. Lefranc, t. II, p. 154.)

— Trajan avait dépassé les bornes fixées par Auguste et par la nature même à l'Empire. Adrien, décidé à mettre l'Etat romain sur un pied respectable de défense partout où les frontières naturelles manquaient, acheva les fortifications sur les bords du Rhin. (Duruy : *Abrégé de l'Histoire romaine* p. 313, 314.)

(²) Est-il vrai que M. de Bismarck, proposant, en 1865, à l'empereur une alliance contre l'Autriche, lui abandonnant la Belgique, le Luxembourg et même quelque territoire des provinces rhénanes, ait présenté cette communication sous la forme imagée et quelque peu répulsive qu'on lui prête : « En un mot, sire, lui aurait-il dit, nous sommes deux loups; mangeons du mouton, chacun de notre côté ; nous compterons ensuite. »
On comprend toute la répulsion que devait inspirer un pareil langage, s'il a été tenu. Mais froidement, sensément, patriotiquement, les alliances, sans se départir jamais des proscriptions de l'honneur et de la loyauté, n'ont-elles pas, ne doivent-elles pas avoir pour base l'intérêt national? Or, si la politique immémoriale de la France, depuis Richelieu et Henri IV, a été l'abaissement de l'Autriche, nos catastrophes actuelles sont-elles de nature à nous faire beaucoup revenir à une profonde sympathie pour cette puissance qui nous en a peu témoigné dans ces cruelles épreuves ? Sans aller jusqu'à l'alliance avec la Prusse, la neutralité, inspirée par le principe de non-intervention, n'aurait-elle pas pu être pour nous accompagnée de plus de netteté et d'avantages motivés ? Ne pouvions, ne devions-nous pas répondre aux ouvertures de la Prusse : « Vous êtes une puissance guerrière, ambitieuse. Vous voulez vous agrandir; libre à vous. Cela ne nous regarde pas, tant que notre intérêt national n'est pas menacé. Or, le jour où vous dominez en Allemagne les autres

La Prusse, pendant ce temps, poursuivait la réalisation de son plan d'agrandissement. Elle se plaint que la France lui ait déclaré la guerre.

Il est vrai que le fait même de la déclaration appartient à la France. Mais de qui venait la provocation ? N'est-ce pas la Prusse qui, par son ambition croissante, éveillait les naturelles inquiétudes de sa voisine, menaçait même sa sécurité ? Cette ambition même, la rendant plus exigeante et plus entreprenante, ne la poussait-elle pas à des procédés inquiétants ? Ainsi dans la cession du Luxembourg à la France par la Hollande ; dans le traité du chemin de fer en Belgique ; dans la canditature du prince Hohenzollern au trône d'Espagne, la dignité, l'intérêt, la sécurité de la France n'étaient-ils pas sérieusement exposés à la plus grave injure, au plus grand dommage par les prétentions hautaines de la Prusse ? La déclaration de guerre n'appartient-elle pas à celui, dit Montesquieu, qui la rend nécessaire par ses provocations ?

Ces provocations incessantes étaient-elles tolérables ?

Il valait encore mieux, répond-on, les tolérer que de se commettre dans une lutte inégale et désastreuse. Sans doute, si l'on eût pu prévoir avec certitude les résultats néfastes de la lutte, il eût été préférable de dévorer cette fois encore ce nouvel affront. Mais il n'eût pas fallu se dissimuler que cela aurait été un ajournement à courte échéance, car notre résignation, commandée par notre impuissance, n'eût fait que redoubler les impérieuses exigences d'un voisin disposé à nous intimider. Et puis l'ajournement aurait-il profité à l'accroissement de nos forces ? Interrogeons consciencieusement l'épreuve du passé ; fouillons les documents militaires et diplomatiques, les rapports de M. le baron de Stoffel et tant d'autres ; qu'y voyons-nous ? La résistance

---

Etats, votre voisinage, de ce côté-ci du Rhin, nous menace. L'équilibre est rompu, les garanties anéanties, la digue submergée. Il nous faut une compensation qui nous préserve contre un voisinage intolérable par suite des ces aggravations. »

Cette politique franche, énergique, du côté de la France, eût pu ne pas convenir à l'Autriche. Mais elle n'eût rien eu de discordant avec les traditions ; ces traditions étaient sans doute modifiées par les événements modernes qui transportaient visiblement la prépondérance allemande de l'Autriche à la Prusse. Mais, appliquée ainsi par la France, elle eût été aussi sensée et honnête que conforme à nos intérêts.

obstinée, systématique des grands Corps de l'Etat, du Corps législatif, en première ligne, à tous les plans militaires, au dévelop-
pement de nos armées, au budget ministériel de la guerre pré-
sentés par l'Empereur. Il est notoire, sans contestation possible,
que tous les efforts de l'Empereur ont échoué devant les scru-
pules de la Chambre, opposition et majorité. Par économie pour
nos finances, par crainte d'une impopularité électorale que re-
doutaient les députés en votant des charges trop lourdes dans
les campagnes, tous résistaient aux innovations proposées ; et
l'Empereur, volontairement parlementaire, se voyait entravé,
paralysé dans ses efforts patriotiques, dans ses projets de réorga-
nisation militaire, empruntés par lui au système prussien. Et
l'on ose ensuite l'accuser de torts, de crimes qui ne sont pas les
siens ! Et tous ces déclamateurs irresponsables de l'opposition et
même de la majorité oseraient-ils bien le charger hardiment
de faits qui sont les leurs ? M. de Bismark s'est-il arrêté ainsi devant les dissertations parlementaires du Reichstadt ? N'a-t-il pas,
malgré ces prétendus risques d'une fausse popularité, poursuivi
son œuvre, perfectionné l'armement de son pays et obtenu, hélas !
son triomphe ? Les accusateurs de l'Empereur lui reprochent-ils de
n'avoir pas fait ainsi ? Qu'ils osent l'avouer, et nous serons alors
tout près de nous entendre.

Mais non. Tout réduits que nous fussions par une assemblée
parlementaire dans nos moyens de défense, ne partagions-nous
pas, tous, la confiance du gouvernement dans l'élan de notre
héroïque armée ? Les prodiges du passé encourageaient l'espoir
de l'avenir, et l'infériorité du nombre semblait pouvoir se com-
penser par la supériorité des qualités du soldat français.

Mais, malheureusement, une double surprise devait tout anéan-
tir : la formidable supériorité de l'artillerie et de la discipline
prussienne.

Pourquoi cette double surprise, dit-on ? L'Empereur n'était-il
pas informé de l'organisation militaire de la Prusse ? Certainement il en était informé, et c'est pour cela qu'il avait voulu l'im-
porter en France. Ce n'est pas sa faute s'il en a été empêché par
le Corps législatif qui a énervé, détruit son projet de loi militaire, et le lui a rendu défiguré et mutilé.

Mais alors, réplique-t-on, il ne fallait pas déclarer la guerre
s'il se savait incapable de la soutenir. Quoi ! on oserait soutenir

que la France, condamnée à l'impuissance, devait se résigner à subir tous les affronts, alors et toujours ; car il est bien certain qu'avec le régime parlementaire, l'infériorité militaire de la France ne pouvait que s'aggraver tous les jours.

Mais, d'ailleurs, l'histoire ne montre-t-elle pas à chacune de ses pages l'instabilité de la fortune sur le champ de bataille, infidèle, tout à coup, à son plus cher favori, à ses plus sûres prévisions ? Tout récemment, dans la guerre d'Autriche, la Prusse n'a-t-elle pas foudroyé à Sadowa sa voisine, en une journée, par ses fusils à aiguilles ? Et pourtant l'Autriche était limitrophe à la Prusse, sa compatriote, naguère son alliée.

En 1709, un grand guerrier, tant de fois vainqueur, ne fut-il pas battu, mis en fuite par celui-là même qu'il avait précédemment vaincu ? Charles XII, victorieux des Russes à Narva, fut vaincu par eux à Pultawa. Il capitulait, prenait la fuite, et son armée entière était prisonnière de guerre, une partie même devenait esclave du Czar Pierre-le-Grand (¹).

Nous aussi nous avions eu récemment nos victoires de Sébastopol, de Magenta, de Solférino. Elles ne nous ont pas suivis à Reichshoffen, à Sedan, où malheureusement nous avons succombé. L'Empereur pouvait fuir ; il ne le voulut pas. Au lieu de sauver sa personne, il voulut partager le sort de ses compagnons d'armes, et remit son épée au roi Guillaume. Là devait finir cette triste campagne. C'était déjà trop de douleurs pour la France ; mais c'en était assez. Il y avait à peine quinze jours que nous étions en campagne. Quelques provinces à peine étaient atteintes par le passage des armées belligérantes ; quelques champs foulés aux pieds. La paix était facile avec un milliard peut-être d'indemnité de guerre, notre honneur intact, nos intérêts sauvés. Ces conditions, comme à Sadowa, comme à Solférino, honorables pour les belligérants, l'intégrité du territoire proposée, dit-on, par médiation d'une grande puissance du Nord (²), dont le Gouvernement du 4 septembre connait mieux que personne, assuret-on, la réalité.

(¹) Voltaire : *Histoire de Charles XII*, p. 193.

(²) « On a parlé d'une haute médiation offerte par une grande puissance du Nord, suivant un télégramme du 4 septembre, à la dynastie chancelante. » (M. de Parieu : *Considérations sur l'histoire du second Empire*, p. 29).

Pourquoi nos malheurs n'en sont-ils pas restés là ? Pourquoi notre mauvais génie s'est-il acharné après nous ?

Il était déjà bien assez cruel d'être obligés de renoncer au prix de la lutte et de confesser notre défaite. Mais du moins tou était dit; depuis le 4 septembre, nous reprenions possession de nous-mêmes, et aujourd'hui, après quelques mois de repos et de travail, nous n'aurions plus que les souvenirs de nos maux passés. Nos plaies seraient cicatrisées et guéries.

Tel aurait dû être le dénouement de cette guerre.

Mais notre mauvais génie, oui le génie, le démon révolutionnaire de la France, l'a perdue alors. La révolution, la république du 4 septembre ont pris forcément à leur compte toutes les catastrophes qui ont suivi, y compris celle du 18 mars.

Abstulit hunc tandem Rufini pœna tumultum
Absolvitque Deos. (CLAUDIEN.)

Oui c'est, à dater de cette époque, l'absolution de la responsabilité impériale. La responsabilité du Gouvernement de la Défense nationale lui succède. A chacun sa part. Cette vérité semble éclatante comme la lumière du soleil. Les préventions, les haines, les passions politiques s'efforceront vainement de l'obscurcir.

La capitulation de Strasbourg, de Metz, de Paris n'ont été que les lamentables épisodes d'une catastrophe implacable. La résistance à outrance a ruiné, anéanti notre pays.

Un écrivain judicieux, à propos de l'obstination acharnée de la Commune de Paris, fait des observations absolument applicables ici, pensons-nous, à celle du Gouvernement de la Défense nationale: « Veut-on combattre jusqu'au bout? accumuler les
» ruines et les cadavres? Ce qu'on appellera peut-être du cou-
» rage, nous l'appellerons, nous, de la démence. La prolonga-
» tion de la lutte n'augmentera pas seulement l'étendue de nos
» malheurs, elle rendra plus vive encore l'irritation et la haine.
» Que le plus faible se hâte donc de déposer les armes, s'il a la
» claire conscience de sa faiblesse relative. Il n'y a pas de honte
» à s'avouer vaincu, quand on a combattu avec courage pour

» une cause qu'on croit juste. Tôt ou tard, il faudra en arriver à
» cette extrémité, si dure qu'elle soit pour celui qui cède (¹). »

Si l'Autriche, après Sadowa, avait continué la guerre, elle eût
été écrasée. Au lieu de renverser le trône de son souverain, au
lieu de proclamer la République, en présence de la Prusse victorieuse, l'Autriche a traité avec elle.

C'est ce que nous enseignait la capitulation de l'Empereur ;
c'est ce que nous devions faire à Sedan.

(¹) M. Félix Hément: *La Paix*, 13 mai 1871.

CHAPITRE II.

PARIS. — RÉVOLUTION DU 4 SEPTEMBRE. — RÉVOLUTION
DES 18 ET 26 MARS.

Le 4 septembre 1870 est une date néfaste pour la France ;
cette date sera désormais inscrite dans notre histoire, non-seule-
ment à côté, mais au-dessous de celles qui à Crécy, à Poitiers, à
Azincourt, à Pavie, ont consacré la défaite de nos armes et la
domination de l'étranger. Nos rois, Jean-le-Bon, François Ier,
ont été battus et prisonniers ; l'Anglais, l'Espagnol ont triom-
phé ; mais jamais nos désastres militaires n'ont été compliqués,
comme aujourd'hui, par les désastres politiques ; jamais notre
nation, jamais une nation sensée ne s'est avisée, comme la nôtre,
de chercher un remède aux calamités d'une guerre malheureuse
dans le renversement de son gouvernement, dans les violences
d'une révolution et d'une république. Est-ce que l'Autriche
après Sadowa, après Magenta, Solférino, la Russie après Sébastopol n'ont pas reconnu la victoire de la Prusse, de la
France ? Pourquoi la France n'a-t-elle pas reconnu, après
Reichshoffen et Sedan, le succès de la Prusse ? Son amour-propre,
sans doute, en eût souffert ; ses intérêts en eussent été momentanément affectés : une indemnité d'un milliard peut-être en eût
été la rançon. C'était beaucoup sans doute, et pour notre renommée et pour nos finances. Mais là certainement se fussent arrêtées
nos pertes, sans autre sacrifice ni d'un pouce de territoire, ni
d'une pierre de nos forteresses ; en supposant, bien entendu, que
la France battue se fût alors groupée autour du trône de son
souverain. La raison, le patriotisme le lui conseillaient ainsi,
sous réserve, bien entendu, du droit de la nation de demander
compte à son chef de son imprudence, de sa faute ; car nous

n'avons pas la pensée de faire ici des réserves dynastiques ; non.
Si après le traité de paix, au 4 septembre ; après l'expulsion
des Prussiens, la France mécontente de son gouvernement, l'eût
expulsé à son tour, elle eût été rigoureusement dans son droit ;
elle en eût été maîtresse. Elle eût pu en user, si sa monomanie
révolutionnaire l'eût poussée à une révolution nouvelle vis-à-vis
de son souverain vaincu. Mais ce qui n'était ni dans son droit ni
dans sa dignité patriotique, c'était, au 4 septembre, en face de
l'ennemi victorieux, de se décapiter elle-même, de renverser un
prince captif. C'était se condamner elle-même à l'impuissance,
à la mort. Et c'est de cette faute, c'est de ce crime que nous
mourons aujourd'hui, depuis le 4 septembre. Mais, dit-on, la
Prusse n'eût pas plus accédé à la paix avec l'empereur Napoléon III qu'avec la République qui, dès le 5 septembre, la lui
a proposée ([1]).—Il est vrai que la République s'est hâtée de pro-
poser la paix. Mais au bas d'un traité il faut deux signatures ; or
la Prusse, on s'en souvient, aux ouvertures pacifiques de nos
nouveaux gouvernants, a répondu, avec raison : « Vous venez
» me parler au nom de la France ; qui êtes-vous ? Vous n'êtes
› reconnus ni par l'Europe ni par la France. Nés de l'émeute
» triomphante, vous êtes sans qualités à mes yeux. Je ne vous
» connais pas. » Et condamnés justement, ces usurpateurs n'ont
trouvé d'autre refuge que dans une guerre à outrance, jugée par
eux-mêmes impossible.

C'est cette guerre qui a creusé l'abîme au fond duquel sont
ensevelis notre fortune et notre honneur. Oui ! notre honneur ;
car la prolongation de la lutte, loin de le sauver, l'anéantit, en
prouvant non pas le courage de la France, qui, grâce à Dieu,
n'a pas besoin de preuve, mais l'impuissance de nos efforts, l'infériorité de notre armement, de notre discipline, de nos ressources.

Puis après les capitulations de Sedan, de Metz, si majestueu-
sement flétries par ce prétendu gouvernement de la défense ou
de la *défaite* nationale, est fatalement venue la capitulation de
Paris.

Résistance héroïque, mais inutile pendant tant de mois d'ago-
nie pour la France, jour par jour ruinée, épuisée, anéantie.
Aussi quand le vainqueur impitoyable lui demande sa signature

---

([1]) Voyez précédemment, p. 18, et plus loin 43.

au bas du sinistre traité, la lui donne-t-elle, morne et condamnée, par d'implacables revers, à cette suprême mutilation.

Tel est le résumé de ce long martyre de six mois, imposé à notre pauvre pays par cette horde de malfaiteurs, déchaînés dans nos rues, qui, au 4 septembre, s'est précipitée comme une bande de vautours sur l'Hôtel-de-Ville, sur les ministères, sur les administrations, sur toutes les places, dont ils sont fait une avide curée.

Mais l'exemple est contagieux, et ce même Hôtel-de-Ville, prix par eux au 4 septembre, est repris par d'autres, qui, peu de semaines après, leur infligent la peine du talion. L'occupation de ces nouveaux envahisseurs ne dure alors que quelques heures. Mais après le départ de l'armée prussienne, devant laquelle ils se gardaient bien de lever la tête et d'élever la voix, ils recouvrent un courage tardif, s'emparent, le 18 mars, de l'Hôtel-de-Ville, du Louvre, des Tuileries, de tout Paris enfin.

Révolutions chroniques, dont le moindre tort est le plagiat ; celle du 18 mars, copiant sa sœur aînée du 4 septembre, comme celle-ci avait copié même, par voie cosmopolite, la révolution de 1648 en Angleterre. Toutes se ressemblent à peu près dans leurs violences, dans leurs excès, dans leurs déprédations, dans leur despotisme dictatorial et sanguinaire. Ainsi Cromwell foule aux pieds cette liberté dont il s'était montré fanatique pour arriver à son but, et dont il fit litière à son ambition satisfaite. Aux prises avec ce Parlement factieux, méprisé, chassé, après avoir décapité son roi à Witehall ; avec cette ville déchaînée, avec cette armée désorganisée par les *aplanisseurs* ou niveleurs de cette époque, «Cromwell, menacé par ces insurgés *d'autant plus dan-* » *gereux pour lui qu'ils se servaient contre lui de ses propres prin-* » *cipes*, prit le parti de les exterminer. A la tête de son régiment » *des Frères-Rouges*, il leur demande ce qu'ils veulent, les charge » avec impétuosité, les disperse, les dissipe, et fait pendre plu- » sieurs de ces ennemis dont *le crime était de l'avoir imité* ([1]). » Récit vraiment saisissant d'événements qui semblent ceux d'hier sous nos yeux, dans notre pays, tant les révolutionnaires sont inévitablement plagiaires les uns des autres !

Dans la séance de l'Assemblée nationale à Versailles, le

(1) Voltaire : *Essai sur les Mœurs. Mort de Charles Ier*, t. XVIII, p. 249, 263, 276.

10 avril 1871, M. Jules Favre, flétrissant avec beaucoup de justice et de raison l'usurpation de cette cohue révolutionnaire qui, au 18 mars, s'était emparée de l'Hôtel-de-Ville de Paris, était salué par les acclamations méritées et unanimes de son auditoire. Seulement la Chambre remarquait-elle les rapprochements et les contrastes étranges dont l'orateur ne semblait pas avoir le sentiment? Tous ses éloquents anathèmes contre les insurrections ne retombaient-ils pas du même poids sur la tête des insurgés du 4 septembre aussi lourdement que sur celle des insurgés du 18 mars ou autres dates? Ne sentait-il pas la responsabilité accablante dont sa conscience révolutionnaire était chargée par ses propres malédictions? Les mémoires du premier empire rapportent que la femme d'un général, récemment nommé duc et maréchal, n'étant pas encore familiarisée avec sa nouvelle dignité, la première fois qu'à une réception des Tuileries elle entendit les huissiers annoncer à haute voix : « Mme la maréchale duchesse de ***, » se détourna respectueusement pour laisser passer la grande dame, qui n'était autre qu'elle-même. Comment, en sens inverse, le ministre des affaires étrangères du 4 septembre ne reconnaissait-il pas dans la légitime indignation du ministre régulier de l'Assemblée nationale la condamnation du ministre insurrectionnel de septembre, si éloquemment flagellé par lui-même ?

« Vous allez voir, s'écrie-t-il, le néant, je pourrais dire la
» fraude politique, la profonde supercherie de ceux qui ont
» usurpé le gouvernement de Paris, qui ne sont en réalité que
» des agitateurs cherchant à satisfaire leurs passions. (Très-
» bien ! Très-bien !)

» ... Un membre de ce gouvernement municipal s'affirme
» comme étant « le ministre des affaires étrangères, » ce qui vous
» donne une juste mesure de l'exactitude des idées politiques
» qui préside à ce gouvernement.

» Ce gouvernement a proscrit l'Assemblée..., il l'attaque à
» main armée, la voue aux gémonies et la considère comme
» n'existant plus. » Quelle Assemblée? Celle qui existait au
4 septembre? Celle-là aussi était issue du suffrage universel;
celle-là aussi a été proscrite, vouée aux gémonies et considérée
comme n'existant plus, par un gouvernement insurrectionnel
qui par *fraude politique*, par *supercherie a usurpé* le pouvoir de

l'Hôtel-de-Ville, groupe *d'agitateurs cherchant en réalité à satis-*
faire leurs passions. (Très-bien! Très-bien!) (¹)

« En vérité je me demande, ajoute l'éloquent ministre des
» affaires étrangères, s'il n'est pas aussi humiliant que doulou-
» reux dé se rencontrer en face d'un pareil fantôme et de trou-
» ver derrière lui les passions et les erreurs qui ont pu déchaîner
» sur notre pays le funeste fléau de la guerre civile... en voyant
» ceux qui ont inauguré dans la ville de Paris ce gouvernement
» sans nom, sans précédent, sans portée. »

Quel est le Gouvernement qui a déchaîné sur notre pays le
funeste fléau de la guerre civile? N'est-ce pas celui qui, aux
horreurs de la guerre étrangère et de la défaite infligée à nos
armes par l'étranger, n'a trouvé d'autre remède que l'usurpation
de l'Hôtel-de-Ville à Paris? Ah! sans doute, celui-là n'était
pas *sans nom*. Il a pris celui de Défense nationale, de République, nom de baptême révolutionnaire qu'il s'est donné à lui-
même. Il n'était pas, celui-là, *sans précédent*, car il avait en
1848 un frère aîné par l'âge, par la ressemblance ; un frère
jumeau, un sosie, un autre lui-même au point de se confondre
tous deux l'un avec l'autre, composés des mêmes traits, des
mêmes visages ; véritables amphytrions de la même République.

Sa portée, oh! elle a été immense. Elle a engagé au 4 septembre la guerre à outrance, c'est-à-dire la ruine, le démembrement, l'anéantissement du pays. « Oui, si des sacrifices nou-
» veaux lui sont imposés, ce sont les séditieux, les criminels qui
» se sont emparés du pouvoir et qui essaient de s'excuser par
» d'infâmes calomnies contre l'Assemblée ; ce sont ceux-là qui
» en sont les seules causes. »

Quel beau langage! Oui, ils sont bien coupables les séditieux, les criminels qui, le 4 septembre, *se sont emparés du pou-*
voir et ont essayé de s'excuser par d'infâmes calomnies contre
l'Assemblée, qu'ils ont jetée dans la rue, qu'ils ont violemment
expulsée du palais Bourbon.

Le Gouvernement du 4 septembre n'a-t-il pas, à Paris, le 3 no-
vembre, comme la Commune au 26 mars, fait un simulacre
d'élections ?

(¹) Les 11 députés de Paris sur 12 se transformant, de leur chef, en dicta-
teurs de la France, ouvrent la voie à la Commune, se substituant le 18 mars à
cette usurpation du 4 septembre, et s'imposant, comme eux, sans plus de
droit qu'eux, à la France.

« Notre brave armée, dit en terminant l'éminent orateur,
» notre brave armée, qui a déjà donné la preuve de tout ce
» qu'elle peut faire, achèvera son œuvre ; elle peut compter sur
» notre dévouement comme nous pouvons compter sur son
» courage. » Magnifique péroraison qui soulève de vives mar-
ques d'approbation et des salves d'applaudissements très-jus-
tifiés, mais quelque peu ironiques peut-être vis-à-vis de ces
mêmes hommes de la défense nationale qui, dans l'opposition,
s'efforçaient de dénigrer, de désorganiser, d'humilier, de dés-
honorer l'armée. Contradiction flagrante avec les éloges si
mérités, mais si différents, de l'ancien langage de cette même
opposition devenue aujourd'hui Gouvernement.

Ainsi, sous la réserve de ces contre-sens dans les doctrines de
ces Messieurs du 4 septembre, ils ont aujourd'hui raison. Oui, à
toutes les hontes de la défaite, à toutes les humiliations des
champs de bataille, tous couverts de nos dépouilles opimes, tous
jonchés de nos blessés et de nos morts, viennent s'ajouter toutes
les turpitudes de la hideuse anarchie, de la guerre civile. Les
mœurs des cannibales se sont installées dans la cité élégante et
souveraine (¹) ; l'assassinat y régna en despote, la terreur en

---

(¹) La capitale des Gaules avait passé, comme tant d'autres, par tous les
degrés de la barbarie, de l'ignorance et de la misère. Son premier nom
(Lutétia) avait été *la boue, la crotte* (lutum). Elle avait été longtemps esclave
des héros déprédateurs des Sept-Montagnes (mont Aventin, mont Sacré, mont
Palatin-Capitolin-Quirinal, etc.). Après quelques siècles, d'autres héros-
brigands, venus de la rive du Rhin, s'étaient emparés de son petit terrain.

Le temps, qui change tout, en avait fait une ville dont la moitié était très-
agréable, l'autre un peu grossière : c'était l'emblème de ses habitants

Il y avait, parmi les occupés ou qui prétendaient l'être, une troupe de fanatiques, moitié absurdes, moitié fripons, dont le seul aspect contristait la terre,
et qui l'auraient bouleversée, s'ils l'avaient pu, pour se donner un peu de
crédit. Mais la nation des oisifs, en chantant et en dansant, les faisait rentrer
dans leurs cavernes, comme les oiseaux obligent les chats-huants à se replonger
dans les trous des masures...

Presque plus de véritables arts ; presque plus de génie ; le mérite consistait
à raisonner à tort et à travers : le barbouilleur des murs d'un cabaret criti-
quait savamment les tableaux des grands peintres ; les barbouilleurs de pa-
pier défiguraient les ouvrages des grands écrivains. L'ignorance et le mauvais
goût avaient d'autres barbouilleurs à leurs gages... Un gazetier druide écrivait
deux fois par semaine les annales obscures de quelques énergumènes ignorés
de la nation. D'autres ex-druides, près de mourir de colère ou de faim, se
plaignaient dans cent écrits qu'on ne leur permit plus de tromper les hommes...
quelques archi-druides imprimaient des libelles diffamatoires. (Voltaire : *La
Princesse de Babylone*, p. 175, 176, 177, 178).

garde national. Les agents de la sûreté publique sont traqués, tués par ces bêtes fauves, en pleine rue, en pleine rivière, en plein jour, au milieu d'une foule épouvantée et muette ; des soldats, des généraux, des otages, des magistrats , des prélats, sont fusillés, avec ou sans parodie de jugement, par ces énergumènes qui crient à notre armée de ne pas tuer des frères, et qui, eux, pratiquent le meurtre sous toutes les formes fusillant sur nos places publiques les femmes, les enfants, les vieillards, sans sommation comme sans merci ; arrêtant, emprisonnant qui bon leur semble comme suspect, semant partout le désordre, l'épouvante, la misère, à l'ombre du drapeau rouge. Voilà, voilà les abominables scènes dont nous avons été les témoins et les victimes. « Oh ! liberté ! que de crimes on » commet en ton nom ! » Oui, c'est la liberté à la bouche, que tous ces monstres confisquent la liberté de la presse, la liberté individuelle, la liberté électorale, toutes les libertés, excepté celle de leurs propres excès. C'est un spectacle affreux que la vue de ces êtres farouches, avinés, qui ont gouverné Paris par droit de conquête ; et ce sera une des ignominies de notre histoire de les avoir tolérés, ne fût-ce que quelques heures.

Les guerres de religion nous offrent, comme les guerres civiles, des exemples trop nombreux de fureurs exaltées de citoyens armés les uns contre les autres. Les écrivains ecclésiastiques, dit Voltaire, racontent que Simon de Montfort ayant

---

Paris est un chaos... On y voit la canaille écrivante, la canaille cabalante et la canaille convulsionnaire. On dit qu'il y a des gens fort polis dans cette ville-là : je le veux croire... Est-il vrai qu'on rit toujours à Paris ? — Oui, mais c'est en enrageant, car on s'y plaint de tout avec de grands éclats de rire ; comme on y fait en riant les actions les plus détestables (Voltaire : *Candide*, p. 304, 310).

Tout va de travers chez nous ; personne ne sait ni quel est son rang, ni quelle est sa charge, ni ce qu'il fait, ni ce qu'il doit faire. Jansénistes contre les Molinistes, gens du Parlement contre gens d'Eglise, gens de lettres contre gens de lettres, courtisans contre courtisans, financiers contre le peuple, femmes contre maris, parents contre parents, c'est une guerre éternelle (Voltaire : *Id.*, p. 314).

Les hommes ont-ils toujours été menteurs, fourbes, perfides, ingrats, brigands, faibles, volages, lâches, envieux, gourmands, ivrognes, avares, ambitieux, sanguinaires, calomniateurs, débauchés, fanatiques, hypocrites et sots ? — Sans doute. Les éperviers ont-ils toujours mangé des pigeons, quand ils en ont trouvé ? — Oui. — Eh bien ! si les éperviers ont toujours eu le même caractère, pourquoi voulez-vous que les hommes aient changé le leur Voltaire : *Id.*, 306).

allumé un bûcher pour des malheureux hérétiques poursuivis
par l'abbé de Citeaux, il y en eut 140 qui coururent en chantant
des psaumes se précipiter dans les flammes... On peut déplorer
leur aveuglement, qui leur faisait croire que Dieu les récompen-
serait, parce que des moines les faisaient brûler (¹), mais du moins
la foi religieuse expliquait leur fanatisme. Ici, au contraire,
quel peut être le mobile de ces exaltations furieuses, de ces car-
nages féroces, de ces sanguinaires massacres, si ce n'est l'excitation des plus hideuses passions non pas sociales, mais anti-
sociales?

Cataclysme effroyable, aux proportions bibliques, rappelant
ces villes maudites dans la Genèse, sous la colère de Dieu et le
feu du ciel. Ninive, Sodome, Gomorrhe, punies, au milieu des
flammes, de leur immoralité, comme Paris, de sa passion révolu-
lutionnaire, par le démon de la révolution. Oui, c'est le génie du
mal qui, la torche à la main et le noir liquide dans l'autre, semblait de son souffle infernal embraser le terrible volcan :

> « On dit qu'on a vu même en ce désordre affreux
> » Un Dieu qui d'aiguillons pressait leur flanc poudreux. »

Oui, une divinité infernale s'attachait aux flancs de notre cité
vouée aux furies ; oui, c'est de l'Enfer que s'étaient échappés ces
monstres, ces harpies, qui transformées en sœurs de bon secours
distribuaient d'une main faussement charitable le poison à nos
vaillants soldats, et mégères perfides distillaient leur rage dans
l'ombre, le pétrole inflammable dans le soupirail de nos caves.
Incendiaires et assassins, qui profanaient tout à la fois et Dieu
dans ses temples et l'humanité dans ses prescriptions, respectées
par les sauvages eux-mêmes et méconnues par ceux-ci. Atroci-
tés qui font frémir la nature et reculer la civilisation. Mais de
ce baptême de sang et de feu est sortie, inattendue, une régénération glorieuse et peut-être politique : celle de notre armée.
Un moment éclipsée par les folies et les fureurs démagogiques
qui l'avaient travaillée et affaiblie, elle renaît précisément du sentiment militaire qui s'était un instant, sous le masque de l'indiscipline, voilé à ses yeux. Elle a vu l'abîme où menaçait de la

---

(¹) Voltaire : *Croisade contre les Albigeois*, t. XVI, p. 225.

précipiter le vertige politique, et du fond de l'Allemagne, où sa désorganisation l'avait faite honteuse de sa défaite et captive, elle revient tout-à-coup plus ardente et plus héroïque que jamais. La patrie fait appel à son courage, et fidèle au sentiment du devoir, elle vient l'accomplir avec sagesse et avec résolution. Navrée des douleurs de l'exil et de la guerre civile, elle n'entend que la voix du pays menacé par de criminelles mains, et elle vient résolument combattre et vaincre ces perfides ennemis de la patrie éplorée.

C'est ainsi que la révolution, qui depuis tant d'années ourdit la désorganisation de l'armée française, est précisément aujourd'hui combattue par elle, et va peut-être succomber sous ses coups. Justes représailles, juste châtiment de ses excès et de ses fureurs qui, en effet, détruisent tout, anéantissent tout! La France, fatiguée de tout, même du bien-être prolongé, la France, sous la fureur de la fièvre révolutionnaire, en est venue à trouver monotone la paix, la grandeur, la gloire, la prospérité, le bonheur. Elle a besoin d'agitation, de changement, de critique, d'opposition. Le repos l'ennuie, l'obéissance lui est antipathique, la discipline odieuse. Au repos succède périodiquement pour elle l'excitation fébrile des révolutions, comme à l'obéissance l'insurrection, et à la discipline l'anarchie. *Sic facta voluere.*

Nous assistons peut-être à l'œuvre de la régénération sociale par les vertus militaires.

« Une nation n'a jamais que le Gouvernement qu'elle mérite. »

CHAPITRE III.

La France est certainement la terre classique des révolutions. Depuis un siècle environ elle en prend la spécialité; spécialité malheureuse, dans l'enseignement de laquelle elle ne fera pas de nombreux prosélytes.

L'expérience d'autrui sert peu aux hommes comme aux nations ; les leçons de l'histoire sont à peu près stériles pour l'humanité. L'épreuve personnelle est généralement nécessaire aux individus comme aux générations.

Cependant les ravages révolutionnaires sont assez désastreux pour frapper tous les yeux, et si le système des Spartiates était jadis sensé d'exposer aux regards de la jeunesse les excès honteux de l'ivresse pour la prémunir contre ce vice, il n'y a sans doute pas de spectacle plus propre à préserver un pays des révolutions que celui des désordres révolutionnaires.

L'Espagne semblait en possession de ce privilége. La France le lui dispute. Les lauriers de sa voisine l'empêchaient sans doute de dormir ; et elle paraît vouloir partager avec elle ce précieux monopole. Triste partage, hélas !

Le premier effet des révolutions, c'est de semer l'alarme dans tous les esprits et de suspendre la vie sociale. Sous prétexte d'améliorer, elles commencent par tout détruire. Ce sont les filles de Pélias jetant dans l'eau bouillante les membres de leur père que, sous les perfides conseils de la magicienne Médée, elles croyaient ainsi rajeunir.

Il est bien vrai que le progrès est la loi du monde, et que si la naissance de chaque enfant coûte des souffrances à sa mère, l'enfantement social est soumis aux mêmes efforts et souvent aux-mêmes douleurs. Mais ce n'est pas un motif pour exaspérer au lieu de chercher à calmer ces graves épreuves. L'art de l'opérateur qui, dans la vie politique, s'appelle l'homme d'Etat, est d'aider la nature et la société dans l'accomplissement de ses destinées et de la suivre avec vigilance dans sa marche. Chaque nation a son aptitude, variable même à différentes époques de son âge, comme chaque individu, jeune ou vieux. « Un homme » qui ne lirait que le cardinal de Retz, dit le philosophe de » Ferney, prendrait les Français pour des forcenés qui ne res- » pirent que la guerre civile, la faction et la folie. Celui qui ne » lirait que l'histoire des belles années de Louis XIV dirait : Les » Français sont nés pour obéir, pour vaincre et pour cultiver » les arts. Un autre qui verrait les mémoires des premières an- » nées de Louis XV ne remarquerait dans notre nation que de » la mollesse, une avidité extrême de s'enrichir et trop d'indif- » férence pour tout le reste. Les Espagnols d'aujourd'hui ne » sont plus les Espagnols de Charles-Quint, et peuvent l'être » dans quelques années. Les Anglais ne ressemblent pas plus » aux fanatiques de Cromwell que les moines et les monsignori » dont Rome est peuplé ne ressemblent aux Scipions... On dit » d'un homme : « Il était brave un tel jour ; » il faudrait dire » d'une nation : « Elle paraissait telle sous un tel gouvernement » et en telle année. » L'histoire est un témoin et non un flatteur ; » et le seul moyen d'obliger les hommes à dire du bien de » nous, c'est d'en faire (¹). »

Pénétré de ces sages réflexions, nous devons, sans flatterie comme sans faiblesse, dire à notre pays, à notre génération, ce qui, selon nous, est la vérité. Or, la vérité, c'est que la France, depuis près d'un siècle, est livrée, pieds et poings liés, au génie de la Révolution et des révolutionnaires. Le fanatisme, la haine, la violence, l'assassinat immolent tout à leurs fureurs : libertés, religion, lois, humanité, tout est foulé aux pieds, tout est massacré impitoyablement sous le joug de fer de ces bandits modernes. La France, notre chère France, toute saignante encore de ses blessures, est livrée à ces adeptes de Babeuf, armés au nom de la guerre civile. La guerre étrangère n'a pas encore éteint ses feux, replié ses légions ; et ces misérables babouvistes que

---

(¹) Voltaire : *Discours sur l'histoire de Charles XII*, p. 8.

nos braves soldats n'ont jamais vus à leurs côtés pour combattre l'ennemi, n'ont de courage et d'ardeur qu'à déchirer le sein de la mère-patrie. L'armée d'invasion quittait notre sol. Les factieux la rappellent et prolongent nos anxiétés.

Malheur à ces insensés plagiaires, malédiction à ces éternels insurgés contre l'ordre social, sortis des égouts de la cité pour la couvrir de leurs immondices et de leur bave venimeuse.

Les Prussiens, dont la discipline sévère et l'habile tactique expliquent les foudroyantes victoires, sont stupéfaits de notre monomanie révolutionnaire. Ils nous regardent comme des fous. « Votre indiscipline militaire vous a perdus avec nous, me disait » un général allemand, votre indiscipline politique vous perd » avec votre propre société. Du commencement à la fin de cette » guerre, vous êtes les artisans de votre perte ; vous n'avez que » ce que vous méritez et ne pouvez vous en prendre qu'à vous- » mêmes de tous vos malheurs. Vous êtes une nation perdue ; » perdue pour vingt ans. Quand vous aurez, dans vingt » ans, réparé vos forces, vous recommencerez vos folies. Vous » êtes incorrigibles, et condamnés par la Faculté, c'est-à-dire » par l'Europe, comme un hôpital d'incurables. »

Saturne dévorait ses enfants. Nation d'anthropophages, nous nous dévorons les uns les autres. Comme des pestiférés, nous inspirons la terreur à nos concitoyens, aux étrangers qui fuient notre terre maudite, la capitale elle-même, transformée en arène de combats. Comme des bêtes féroces, ces sauvages ennemis de la société, de la civilisation même, se précipitent sur leurs concitoyens, les dépouillent, les jettent dans les cachots, les pillent, les déchirent d'une main fratricide, envahissant les temples, dévastant d'une main impie les autels, volant les saints ornements, insultant à Dieu.—Chaos révolutionnaire !

Voilà, voilà l'écueil sur lequel est exposée à sombrer aujourd'hui notre société française, si grande naguère, si élégante et si fière sous Louis XIV, si chevaleresque et si glorieuse à tant d'époques diverses de notre histoire, et maintenant si tristement abaissée et humiliée.

Après nos récentes défaites, le croirait-on ? son ennemi, son intraitable ennemi, c'est l'esprit révolutionnaire.

La *Commune*, monstrueuse résurrection, contrefaçon sanguinaire des plus mauvais jours de 1793, ose s'emparer par surprise de Paris. Etonnée d'abord de son succès éphémère, elle reconnaît l'Assemblée issue du suffrage universel, s'incline devant elle, et limite sa propre mission à une œuvre strictement *communale* ; puis, exaltée par sa propre usurpation, enivrée de sa subite omnipotence, altérée de sang par le sang même qu'elle a versé à Montmartre, exaltée par sa propre usurpation, par la vue de cet odieux drapeau rouge qu'elle promène de la Bastille à l'Hôtel-de-Ville, au Palais-de-Justice, à la Sainte-Chapelle, elle assassine d'inoffensifs agents, des femmes, des enfants, des vieillards ; elle dresse ses listes de suspects, multiplie les arrestations, prend ses otages au pied des autels, pille les caisses publiques et privées, arbore le drapeau de l'insurrection et se proclame gouvernement. Révolution hideuse, insensée, qui emprunte à sa sœur aînée, de sinistre mémoire, ses promenades sur Versailles et sa parodie des Tricoteuses.

Il faut en finir, on en conviendra, avec ces ignobles Bacchanales, véritable défi à la raison, véritable outrage au bon sens, à la morale et au droit.

Que veulent donc ces énergumènes avec leur guerre, non pas civile, mais sociale et anti-sociale ?

Des réformes communales, disaient-ils ; l'élection du conseil municipal ; l'élection des officiers de la garde nationale.—On la décrète ; on traite avec eux sur cette double base.—Alors, ils se rétractent. Ils désavouent leurs délégués ; ajoutant la mauvaise foi, le parjure à la férocité, ils rançonnent, ils incorporent de force des recrues à leur révolte.

Sortis de terre, comme les soldats de Cadmus, pour s'entre égorger dans la guerre civile ; sectaires d'un culte sauvage, quelle foi professent-ils ? Poussés au combat par des femmes ou des furies, que voulaient-ils ? C'est à désespérer la raison humaine. Ils criaient : « Vive la République ! » De Versailles, on les mitraillait au même cri : « Vive la République ! » Qui trompe-t-on ici ? pouvons-nous dire avec le personnage de la comédie. Et, malheureusement, ce n'est pas ici une comédie ; c'est une affreuse et sombre tragédie, où coulent des flots de sang. Qu'y faire ? Si ce n'est se défendre contre ces cannibales du nouveau monde, qui semblent avoir pris à tâche d'accumuler toutes les infamies, toutes les hontes, toutes les fureurs sur leur sanglante insurrection. Ils proclamaient la liberté, et ils terrifient la civilisation par leur scandaleuse oppression. Ils exigeaient des élections, et après les avoir escamotées, ils conservent la dictature du Comité insurrectionnel. « Ne tuez pas vos frères, » s'écrient-ils ; et ils fusillent à tort et à travers la population la plus inoffensive. Ils mêlent l'impiété, le sacrilége, l'athéisme à leur frénésie démagogique, confondant dans leurs proscriptions draconiennes les républicains dissidents, les monarchistes, qu'ils sont prêts à mettre sur leur lit de Procuste, pour les mutiler et les amputer à leur gré.

Tout cela, toutes ces extorsions, au nom de la Liberté.

Tels sont les effroyables, les inévitables produits de l'esprit révolutionnaire en France.

En peut-il être autrement dans un pays indiscipliné, mutiné contre toute autorité, contre toute hiérarchie ? Y a-t-il au monde une société possible sans ordre, sans règle, sans frein ? Or notre Société en est là. L'obéissance est à ses yeux une servitude ; la répression, une tyrannie.

Que faire donc ?

Le contraire de ce qu'on fait : la pratique sincère, loyale, réfléchie de la souveraineté nationale, s'exprimant en toute liberté, en toute maturité par la voix du suffrage universel. Car si Paris est le foyer volcanique des éruptions révolutionnaires, comme à Naples, comme au Vésuve, la contrée au centre de laquelle bouillonne l'ardent cratère s'étend avec sérénité en riches et riantes plaines, en fertiles coteaux, en paisibles pâturages, en cultures abondantes, en magnificences agricoles. Et toutes ces splendeurs, c'est le travail, c'est la grandeur nationale fondée, affirmée, développée par les populations rurales qui savent tour à tour arroser nos sillons de leurs sueurs et nos champs de bataille de leur sang. Race généreuse des cultivateurs et des soldats que nos malfaiteurs révolutionnaires couvrent de leurs dédains et de leur réprobation, mais que n'abandonnent jamais le courage et la constance. Ah ! ce n'est pas dans ces campagnes reposées et laborieuses que les cris furieux de la guerre civile, les clameurs impies du sauvage socialisme portent le trouble et la misère. Là on travaille et on féconde le sol, on fonde la propriété, sauvegarde de la société.

De quel droit ces néo-socialistes, plagiaires ignorants et insensés des Jacobins de la Terreur, prétendaient-ils détruire, sans y rien comprendre, les bienfaits et l'unité de la seule et grande Révolution qui ait formé la liberté moderne ? La Révolution de 89 a fait la France ce qu'elle est ; et si ces prétendus Christophe Colomb de la liberté savaient leur histoire, ils y auraient appris que ce n'est pas la République, mais la France, qui est *une* et *indivisible*, et que cette idéologie fédérative et communiste, revendiquée par leurs canons et leur frénétique délire, est tout simplement une exhumation de l'ancien régime, aboli par la Révolution de 1789.

Les Maîtrises, les Jurandes, la Commune érigée en Fédération, c'est la résurrection des corporations féodales, isolées de l'unité nationale. Or l'unité nationale est la base de notre société nouvelle, le gage de notre grandeur, la garantie de notre puissance. Et il s'est trouvé un groupe d'énergumènes qui, dans leur fureur contre la résistance presque unanime de la France à la démagogie de la capitale, ont imaginé cette séparation de la tête et du corps. Eternel retour à l'apologue de Ménénius Agrippa. Quoi ! parce que la France, dans son unanimité conservatrice, répudie les folies révolutionnaires de Paris, vous ne trouvez d'autre ressource que l'isolement de Paris du reste de la France ! Mais pourquoi cette grande cité, reine du monde, ne subirait-elle pas, comme un souverain constitutionnel, la loi commune, la loi de la majorité ? Qu'elle exerce son empire intellectuel sur la France et sur l'Europe, soit ; que son influence et ses lumières rayonnent avec éclat, tant mieux ! Mais là doit s'arrêter sa suprématie, là sa puissance, là cette tentative, contre nature, de la séparation anatomique des membres et de l'estomac, unis par Dieu dans l'intérêt et pour la grandeur de l'homme.

Un républicain, assurément éprouvé, dont le talent et l'intègre austérité, même aux yeux de ses adversaires politiques, *quorum pars parva fui*, ne sauraient être contestés, M. Henri Martin, écrivait le 25 avril 1871 : « La fédération de la Commune est » tout simplement le remaniement radical de la Révolution fran- » çaise et de la formule suprême : *la République*, ou plutôt la » France *une et indivisible*, c'est l'antithèse absolue de la vraie » Fédération, celle de 1790, et l'anéantissement de la France ;... » c'est la négation de toute société politique... c'est le chaos.

» Cette monstrueuse création ne saurait parvenir même à une
» ébauche de réalisation. »

Arrière donc ces utopies sanglantes qui, mutilant la France, la
reporteraient à un autre âge et en détruiraient la merveilleuse
et puissante unité. Assez de deuils ont attristé notre patriotisme.
Ne l'humiliez pas davantage, devant l'étranger, par le spectacle
honteux de nos divisions et de vos insurrections.

CHAPITRE IV.

Au milieu des lamentables désastres de la patrie, l'esprit est confondu, consterné ; le cœur serré saigne ; la conscience de chacun, pour sa part, même minime, dans ces terribles catastrophes, se trouble et s'alarme. Quelque douloureuse que soit l'étude, la recherche de ces tristes catastrophes, elle est nécessaire, indispensable à la consécration de la vérité d'abord, ensuite à la découverte du remède, s'il y en a un possible. L'expérience, hélas! disions-nous plus haut, ne sert ni aux hommes ni aux générations qui ne l'ont pas personnellement subie, qui n'ont pas personnellement souffert, et encore, pour ceux qui ont eux-mêmes traversé ces épreuves, ont-elles un rare enseignement. Ce n'est pas un motif suffisant pour éluder cette tâche, pour décliner cette tentative. Elle est pénible, mais patriotique.

Cherchons donc la vérité avec impartialité, avec courage.

Constatons d'abord celle-ci, évidente à nos yeux, c'est que notre pays, ennemi de la flatterie pour les autres, l'aime beaucoup et la pratique aveuglément pour lui-même. Les classes populaires ont leurs flatteurs comme les classes plus éclairées les leurs. Les unes et les autres les encouragent et les entretiennent dans leurs adulations : voyez les masses ouvrières groupées au théâtre comme dans les assemblées publiques ; jetez-leur dans les oreilles ces vers :

> Détestables flatteurs, présent le plus funeste
> Que puisse faire aux rois la colère céleste,

et vous entendrez des applaudissements unanimes et légitimes saluer cette malédiction sublime du grand poëte. Dans une séance parlementaire, vous recueillerez la même impression, la même aversion contre les courtisans et les adorateurs du pouvoir. C'est un sentiment très-honorable et très-noble.

Mais par suite de quelle inconséquence, de quelle contradiction, ces réunions, si ombrageuses au point de vue de la dignité humaine sur les effets de la flatterie, en sont-elles pour elles-mêmes si facilement dupes, si unanimement avides?

Ecoutez ces flatteurs du peuple qui sans cesse dans leurs harangues, lisez leurs écrits, leurs journaux, qui sans cesse, dans leurs déclamations, prodiguent aux artisans leurs éloges emphatiques, distillent leur venin en breuvage falsifié pour les endormir par des espérances chimériques et des hallucinations mensongères.

Dans nos Assemblées législatives, le procédé n'est pas moins grossier, le piége moins visible : eh bien ! elles ne s'y laissent pas moins prendre. Chaque orateur, chaque ministre comble de louanges, salue de sa déférence son illustre auditoire, et l'illustre auditoire, charmé, désarmé, s'admire dans sa grandeur, qui lui semble suffire à la grandeur du pays.

Quand Auguste avait bu, la Pologne était ivre.

Ainsi en est-il du pays lui-même, dans l'opinion du moins de ceux qui, pour obtenir une popularité fausse et frelatée, l'appellent la grande nation, caressant ses faiblesses, atténuant ses torts, dissimulant ses fautes.

C'est, selon nous, un déplorable système : on peut être et l'on est animé d'un patriotisme d'autant plus énergique qu'on rend justice aux qualités sans cacher les défauts. On peut aimer le peuple et ses représentants, comme on peut aimer le gouvernement de son pays et son pays, tout en leur parlant avec franchise et sévérité.

Laissons donc de côté les banalités obséquieuses et sachons parler virilement à des hommes.

Or ces observations ont pour but d'appeler l'attention des penseurs honnêtes et consciencieux sur ce phénomène politique dont nous avons été souvent frappé :

Notre nation est mobile, impressionnable, avide de mouvement, de changement. Au milieu de toutes les qualités qui la distinguent, elle a, selon nous, un tort immense, source de tous ses malheurs : l'esprit de critique, d'opposition incurable. Depuis la Ligue, depuis la Fronde, c'est toujours la même nature, la même mobilité, la même insubordination. Dans sa légèreté native, elle s'en prend sans cesse à son gouvernement, qu'avec son inconséquence elle attaque perpétuellement dans ses attributions, les affaiblissant, l'en dépouillant même par des querelles jalouses et des caprices ou des susceptibilités qui ne l'empêchent pas de reporter sur lui la responsabilité même de ses propres fautes. Ainsi, pour résumer cette pensée sur un fait immense et accablant, la France est aujourd'hui plongée au fond de l'abîme.

A qui la faute? A l'Empereur, s'écrient avec fureur toutes ces voix inspirées par la passion politique, par la frénésie des partis ardents et irréconciliables. A l'Empereur, auteur de cette entreprise néfaste, inconsidérée, provoquée par lui sans motifs sérieux, sans examen préalable des ressources militaires de la France, des ressources de la Prusse. Crime impardonnable même au prix de sa couronne, dans l'intérêt de laquelle il avait engagé cette guerre exclusivement dynastique.

Sur cette clameur publique, dont on voit que nous ne cherchons ni à marchander les termes ni à restreindre la portée, l'Assemblée nationale, elle-même, inaugurant sa session, a formulé dans un ordre du jour, désormais acquis aux fastes parlementaires, son adhésion à une proposition aussi passionnée qu'inattendue.

Cette Assemblée élue précipitamment, au milieu de l'invasion prussienne, sans communications électorales entre les circonscriptions départementales elles-mêmes, s'est trouvée cependant l'émanation fidèle du patriotisme de la France vaincue et consternée. Indignée des fureurs révolutionnaires, elle a immédiatement cherché à éteindre le feu et à organiser le sauvetage. Mais dans l'exclusion de toutes candidatures ayant de près ou de loin touché à l'Empire, n'aurait-elle pas pu puiser un scrupule plus marqué d'impartialité vis-à-vis d'un régime privé du droit sacré pour tout accusé : du droit de la défense? C'est à elle-même, plus recueillie, plus calme, que nous adressons cet appel.

A la séance du 1er mars, un député, ayant essayé de défendre le gouvernement impérial, a provoqué une vive agitation dans la salle.

Voici l'ordre du jour motivé, proposé et adopté à la suite de cet incident :

« L'Assemblée nationale clôt l'incident, et dans les circons-
» tances douloureuses où se trouve la Patrie et en face de pro-
» testations et de réserves inattendues, confirme la déchéance
» de Napoléon III et de sa dynastie, déjà prononcée par le suf-
» frage universel, le déclare responsable de la ruine, de l'inva-
» sion et du démembrement de la France. »

« Six députés seulement se sont levés à la contre-épreuve. (Dé-
» pêche officielle du ministre de l'intérieur (¹). »

Chacun des paragraphes de cet ordre du jour ne porte-t-il

(¹) PROTESTATION DE L'EMPEREUR. — *A M. le Président de l'Assemblée nationale,
à Bordeaux.*

M. le Président,

Au moment où tous les Français, profondément attristés par les conditions de la paix, ne songeaient qu'aux maux de la patrie, l'Assemblée nationale a prononcé la déchéance de ma Dynastie et a affirmé que j'étais seul responsable des calamités publiques.

Je proteste contre cette déclaration injuste et illégale :

Injuste, car lorsque la guerre fut déclarée, le sentiment national, surexcité par des causes indépendantes de ma volonté, avait produit un entrainement général et irrésistible ;

Illégale, car l'Assemblée, nommée dans le seul but de faire la paix, a outrepassé ces pouvoirs en tranchant des questions au-dessus de sa compétence, et, fût-elle même Constituante, elle serait impuissante à substituer sa volonté à celle de la nation. L'exemple du passé est là pour le prouver. L'hostilité de la Constituante, en 1848, est venue échouer devant l'élection du dix décembre ; et, en 1851, le peuple, par plus de 7 millions de suffrages, m'a donné raison contre l'Assemblée législative.

La passion politique ne saurait prévaloir contre le droit, et le droit public français pour la fondation de tout gouvernement légitime, c'est le plébiscite. Hors de lui, il n'y a qu'usurpation pour les uns, oppression pour les autres. Aussi, suis-je prêt à m'incliner devant la libre expression de la volonté nationale, mais devant elle seulement.

En présence d'événements douloureux, qui imposent à tous l'abnégation et le désintéressement, j'aurais voulu garder le silence ; mais la déclaration de l'Assemblée me force de protester, au nom de la vérité outragée et des droits de la nation méconnus.

Recevez, M. le président, l'assurance de ma haute estime.

NAPOLÉON.

Wilhelmshœhe, 6 mars 1871.

pas l'empreinte de la prévention la plus manifeste, de l'inexactitude la plus flagrante ?

1° « En face de protestations » d'un membre de l'Assemblée, dit-elle. Eh quoi ! un député, cédant à un mouvement plus ou moins opportun, c'est vrai, hasarde une timide observation que la Chambre elle-même veut entendre avec plus de solennité, en appelant avec insistance à la tribune l'orateur, qui s'y refusait, et elle qualifie de protestation des explications provoquées par elle-même ! Si elle les qualifie ainsi, n'est-ce pas pour se donner l'apparence d'être vis-à-vis de l'orateur à l'état de légitime défense et justifier ainsi la vivacité de la riposte ? Mais au moins aurait-il fallu, pour légitimer la défense, que la protestation eût existé réellement. Existait-elle ? En vérité, c'est un étrange témoignage d'impassibilité de la part de juges appelés à se prononcer sur un de leurs collègues.

2° « Le suffrage universel a ratifié la déchéance de l'Empereur et de sa dynastie. » Où donc l'Assemblée a-t-elle vu cette ratification du 4 septembre ? Après le 4 septembre, d'effroyable mémoire, le Gouvernement de la *Défense*, qui devait sitôt devenir celui de la *Défaite* nationale, comprit la nécessité de la paix, non point, croyons-le, par esprit de contradiction avec l'Empire, qui, suivant lui, avait voulu la guerre, mais par suite de la pression même des événements qui avaient imposé à l'Empereur la capitulation de Sedan. Cette capitulation, reprochée à Napoléon III comme une lâcheté, était au contraire, semble-t-il, l'aveu forcé et vrai de notre impuissance à lutter avec la discipline et l'artillerie de l'armée prussienne. C'était la déclaration loyale et triste du vaincu. François Ier à Pavie remettait son épée à Charles-Quint ; Jean-le-Bon, dans les plaines de Poitiers, au Prince Noir (¹) ; l'empereur d'Autriche, sur le champ de bataille de Sadowa, au roi de Prusse ; sur celui de Solférino, à l'Empereur Napoléon III, comme le Czar, sur les remparts de Sébastopol, à la France victorieuse. C'était la fortune des combats, cette fois, défavorable à nos armes. L'Empereur, pour épargner le sang de nos soldats, se rendit, et il eut raison (²).

(¹) En fait, à Poitiers Jean se rendit au chevalier de Morbec, comme François Ier au seigneur de Lannoy.

(²) A la bataille de Pultawa, le Czar Pierre-le-Grand, en 1709, n'ayant que le titre de major-général, semblait obéir au général Sheremetoff ; mais il n'en

Que précédemment il eût encouru une terrible responsabilité en déclarant une guerre, non pas *dynastique*, ce qui est un odieux mensonge, mais profondément nationale et inévitablement certaine à une époque quelconque, sans être suffisamment éclairé sur nos préparatifs, ceci est malheureusement vrai. Cette responsabilité, en réalité, est bien partagée avec les ministres parlementaires, avec le ministre de la guerre surtout, affirmant, avec insistance, que nous étions prêts, que nous avions sur la Prusse *une supériorité formidable*; avec le Corps législatif, avec la majorité législative, marchandant au Souverain son système militaire, emprunté par l'Empereur à la Prusse, et refusant à l'Empereur l'organisation de la garde mobile, les crédits du budget pour l'organisation de l'armée, pour l'armement des places fortes et les contingents annuels. Tout cela est de l'histoire et l'Empereur constitutionnel a dû subir la loi parlementaire. Mais enfin, soit. Il pouvait, cette fois encore, n'étant pas assez assuré de ses

---

fut pas moins, comme Empereur, victorieux de Charles XII, comme Louis XIV affectant de réserver en campagne la maison du commandant en chef, à Condé : « Je ne suis que volontaire, dit le monarque, et je ne souffrirai point » que mon général soit sous la toile, tandis que j'occuperais une habitation » commode. » (*Histoire de France*, Lefranc, 2-340). Fiction militaire, toujours admise pour concilier, malgré certains inconvénients, la présence nécessaire du souverain à l'armée avec les nécessités du commandement militaire.

Charles XII vaincu capitula, et son armée entière fut faite prisonnière de guerre. Tous les soldats défilèrent en présence du prince Menzikoff, mettant les armes à ses pieds, comme 30,000 Moscovites avaient fait neuf ans auparavant devant le roi de Suède, à Narva. Le Czar heureux demandait à tout moment : « Où est donc mon frère Charles ? » Charles XII avait pris la fuite, et personne ne songea à l'en blâmer, pas plus que d'avoir survécu à cette défaite.

Pierre Ier fit aux généraux suédois, le jour même de la bataille, l'honneur de les inviter à sa table, et les traita avec beaucoup d'égards. (Voltaire : *Histoire de Charles XII*, p. 187-193).

Plus tard, après son étrange défaite dans sa maison crénelée de Varnitza, conduit prisonnier, désarmé, porté même sous les jambes, sous les bras, chez le pacha de Bender, Charles fut reçu par lui avec un grand respect, et traité en roi, sans que les Suédois en fussent offusqués. Et en France vous avez vu, vous avez entendu des fous, des fanatiques, s'indigner des procédés courtois du roi Guillaume de Prusse vis-à-vis de son prisonnier de Willemshoë !

Après la défaite de Poitiers, le Prince Noir, le terrible Prince Noir, ainsi nommé à cause de son armure brune et de l'aigrette noire qui surmontait son casque, le prince de Galles, ne refusait-il point, par respect, de s'asseoir à la table où Jean-le Bon, s'étant rendu, prenait le souper préparé le matin pour lui par sa maison, avant la bataille, et offert le soir au royal captif par son vainqueur?

forces, dévorer cette nouvelle injure, accepter ce nouvel outrage. Que d'humiliations l'eussent accablé et l'accablaient déjà lorsqu'il parut hésiter et s'arrêter devant le désaveu du prince Antoine, père du candidat au trône d'Espagne. Aujourd'hui on oublie tout cela, et on condamne l'Empereur, coupable de la déclaration de guerre. Eh bien, oui ! il l'a déclarée n'étant pas suffisamment certain, si ce n'est de la victoire, dont le secret n'appartient qu'à Dieu, au moins des chances sérieuses de la lutte, et dès les deux premiers chocs, à Reichshoffen, à Sedan, nous étions perdus. Voilà le tort de l'Empereur ; voilà l'étendue de sa responsabilité, partagée, mais terrible.

Que fit-il alors ? Il capitula.

Une poignée de factieux, exploitant à Paris la surprise et la stupeur d'un semblable désastre, se précipite sur l'Hôtel-de-Ville. Au lieu de se presser autour de son Gouvernement, la foule ahurie laisse accomplir cette odieuse révolution, et lâchement complice de cette trahison, elle ne trouve d'autre remède à notre sinistre défaite que le silence devant l'apparition tumultueuse de la République.

Cette République, en face de l'ennemi, répudie la déclaration de guerre et se prétend amie de la paix, qu'elle demande à la Prusse. Mais celle-ci oppose, avec juste raison, à ce prétendu Gouvernement, né de l'émeute, son incapacité à traiter au nom de la France.

De là cette continuation de la guerre que l'Empereur, par lui-même ou par la Régence, eût immédiatement conjurée au moyen d'un traité, fâcheux sans doute, mais alors modéré (¹).

A défaut du Souverain renversé par la folie révolutionnaire de notre malheureux pays, le torrent de la guerre implacable, désastreuse, était déchaîné jusqu'au jour où Paris, expiant la révolution du 4 septembre par son héroïque et stérile *folie*, dit le général Trochu lui-même, fut condamné à cette capitulation forcée, dont la conséquence était forcément aussi une paix alors désastreuse et honteuse. C'est pour la signer qu'il fallait à la France une caution. Cette caution, ce fut l'Assemblée, élue pour cette mission, et non pour aucune autre.

(¹) Voir précédemment l'allusion de M. de Parieu au bruit accrédité d'un message moscovite à l'Impératrice-Régente, de la plus haute gravité.

Où donc a-t-elle trouvé dans ces élections précipitées, limitées à une signature urgente, vestige de déchéance ? Le pays, interrogé par le prétendu Gouvernement de la Défense nationale sur la question de paix ou de guerre, a répondu : « la paix ! » Et pas autre chose.

La question de déchéance, vociférée au 4 septembre par quelques émeutiers, est réservée, comme celle de l'organisation constitutionnelle, au suffrage universel librement consulté.

3° « A l'Empereur appartient *la responsabilité de la ruine, de l'invasion et du démembrement* de la France. » Rédaction qui porte la trace de la précipitation *grammaticale*, car la *ruine* qui résulte de *l'invasion* ne saurait la précéder. Le rédacteur aurait donc dû faire dire à l'Assemblée dans son vote hâtif et quasi-unanime : *l'invasion, la ruine et le démembrement.*

Après cette réserve littéraire, il en est une autre d'un ordre plus élevé : cette condamnation portée *sans protestation, sans droit,* par une réunion d'hommes élus à une autre fin, fût-elle fondée, serait-elle, au point de vue moral, parfaitement généreuse vis-à-vis d'un Souverain déchu, dites-vous, mais en tous cas prisonnier ? Cette accusation est-elle bien chevaleresque ? Et une Assemblée que la statistique présente comme composée, sous l'exclusion du décret d'inéligibilité de Bordeaux, d'orléanistes, de légitimistes et de républicains, présente-t-elle toutes les garanties d'impartialité mathématique, nécessaires pour une condamnation aussi inattendue ?

Mais, en tous cas, examinons le degré de justice d'un semblable arrêt.

L'invasion de la France par les armées prussiennes, qui ont porté la guerre sur les champs de bataille de Reichshoffen et de Sedan, constitue sans doute une responsabilité personnelle à l'Empereur, qui pouvait, qui devait même vérifier avec plus de vigilance les assertions de ses ministres, de ses maréchaux, de ses généraux sur l'état des forces de la France. Des avis nombreux, des rapports sérieux lui avaient été adressés en sens contraire, et le font accuser de parti-pris, d'aveuglement systématique et volontaire, à repousser les avertissements salutaires ; le mot de trahison a même été prononcé, comme s'il n'était pas insensé de supposer qu'un Souverain eût intérêt à livrer sa couronne, sa liberté, son pays à l'étranger.

Mais, sans aller jusqu'à cette folle imputation, réduisons au reproche de légèreté, d'imprudence, une résolution aussi grave que celle d'une déclaration de guerre.

L'Empereur a eu le tort, dit-on, de croire nos préparatifs suffisants. Oui ; cependant, on ne peut nier qu'il ne fût alors un monarque parlementaire, soumis à la délibération de ses ministres, à la délibération des Chambres. On ne saurait nier le contrôle sévère, économe, du Corps législatif sur les finances, sur le budget de la guerre, diminué par lui dans des proportions regrettables pour les contingents, les armements, l'équipement, etc. Et pourtant la Prusse poursuivait ses desseins, développait sa formidable organisation.

A qui la faute, si nous suivions une marche contraire ? N'était-ce pas l'Empereur qui nous avait proposé une loi militaire ([1]), éclairée de la loi prussienne, créant, à l'imitation de la landwer et de la landsturn, l'armée permanente et la garde mobile, formant ensemble 12 ou 1,400,000 hommes comme en Prusse ? N'était-ce pas l'Empereur qu'on accusait de militariser la France par le service obligatoire, repoussé à cette époque, préconisé aujourd'hui ? Au Conseil d'Etat, au Palais Bourbon, n'avons-nous pas alors battu en brèche, avouons-le, ce projet ? Ne reprochait-on même pas à l'Empereur, à l'Impératrice, leur insistance trop personnelle, disait-on, dans les réceptions des Tuileries, auprès des uns et des autres invités ? C'était du gouvernement *personnel*, répétait-on. C'était une pression de mauvais goût sur l'indépendance des Corps délibérants.

Que pouvait l'Empereur ? Les députés, sous l'influence d'une popularité électorale qui répudiait ces charges militaires imposées aux populations rurales, n'ont-ils pas dénaturé, affaibli, annulé cette loi ? Et ceci était l'œuvre de la majorité elle-même.

Et puis, cette opposition ardente, tracassière, haineuse contre cet Empire qu'elle voulait à tout prix détruire, comme le rempart de l'ordre (on ne le voit que trop aujourd'hui), aidée dans son travail de démolition par un libéralisme ignorant du danger, ne livrait-elle pas assaut à notre organisation militaire, à la discipline de l'armée par des excitations factieuses, par une

---

([1]) Voir précédemment, p. 17.

presse démagogique, prêchant le désordre, les poussant aux clubs, aux assemblées populaires, dont elle prétendait qu'à titre de citoyens ils ne pouvaient pas être exclus comme des parias? Et cette même opposition devenue aujourd'hui gouvernement, a vu pendant la guerre et voit en ce moment ce qu'ont produit ses odieuses doctrines sur les dispositions morales de nos malheureux soldats. Elle a vu l'indiscipline pénétrer, comme un funeste virus, dans le cœur de notre armée, la corrompre, la désorganiser devant l'ennemi comme, le 18 mars, devant l'émeute; faiblesse de quelques-uns dont l'honneur général de l'armée a pris une si noble revanche.

Est-ce l'Empereur qui a créé tous ces maux?

Pouvait-on deviner tous ces ravages de la gangrène dans nos corps armés? Pouvait-on supposer qu'au premier choc ils tomberaient en dissolution?

Ou plutôt, non. N'accusons pas outre mesure nos malheureuses phalanges. Non, elles ne sont pas à ce dégré perdues. Leur courage est, comme par le passé, intact, héroïque. C'est leur discipline qui a souffert, et, sans discipline, il n'y a pas d'armée.

Malheureusement, cette valeur si justement renommée du soldat français, cet élan si redouté du combat à la baïonnette, venaient échouer contre la mitraille de ces bouches à feu qui, à plus de 3,000 mètres, foudroyaient nos bataillons sans être même aperçus par eux.

Grief nouveau contre l'Empereur, qui aurait dû, dit-on, connaître la supériorité de l'artillerie prussienne, et en profiter pour améliorer la nôtre.

C'est vrai! Là encore est un tort qui nous a coûté cher.

Mais outre qu'il est inévitable qu'à la guerre l'un des deux belligérants ait une cause d'infériorité vis-à-vis de l'autre, ainsi que cela était arrivé à l'Autriche vis-à-vis du fusil à aiguille prussien, notre fusil chassepot était supérieur à celui de nos adversaires. D'ailleurs, une imperfection relative est-elle une explication suffisante à une révolution? L'Autriche, toute voisine, toute compatriote qu'elle fût, en Allemagne, de la Prusse, n'at-elle pas été surprise par elle à Sadowa sous le feu de ses fusils à aiguille? Et cependant elle trouvait dans son voisinage et dans sa parenté germanique tous les renseignements présumables.

On peut donc, malgré toute sa prévoyance et tous ses efforts, être battu sur un champ de bataille, sans être pour cela détrôné. L'Empereur d'Autriche à Sadowa, à Magenta, à Solférino, le Czar à Sébastopol ont été battus par la Prusse et par la France, et n'ont pas été, pour cela, renversés de leur trône.

En France même, plus d'un roi a été vaincu, prisonnier à Madrid, à Londres, payant sa rançon à Damiette, sans perdre en même temps sa couronne.

Pourquoi donc cette jurisprudence nouvelle à Paris de décapiter le Gouvernement vaincu? Quel remède apporte à la défaite ce procédé nouveau? La proclamation de la Révolution et de la République est-elle un secours au revers de nos armes?

C'est là que se place l'exemple appliqué aux observations préliminaires de ce chapitre, la vérité sévère, mais, selon nous, méritée, à une nation qui s'enivre de louanges, mais a besoin aussi de se reconnaître elle-même. Nous n'avons pas, dit le général Trochu, « ce ferme sentiment de dignité qui conduit les » nations à un retour sur elles-mêmes, qui les porte à recher- » cher et à reconnaître leurs propres fautes pour les recti- » fier (¹). »

Oui, notre pays, fort empressé à la critique, accusant chacun de ses gouvernements, les condamnant, les déshonorant tous, les uns après les autres, les ayant tous chassés sous les inculpa- tions les plus odieuses de trahison, de lâcheté, d'assassinat, reve- nant ensuite à eux avec une légèreté, une inconséquence cho- quante, au milieu de tous ces coupables imaginaires, n'en oublie qu'un seul : ce coupable, c'est lui-même. Notre pays, frivole, inconsidéré, ingrat est prodigue d'éloges pour lui-même et d'injures pour ceux qui ont le malheur d'être à sa tête.

Après les échecs, comme à Athènes, l'ostracisme, la disgrâce. Après Sedan, la chute de l'Empire. Après la révolution du 4 septembre, la guerre à outrance. Avec la guerre à outrance, la dévastation, *la ruine, le démembrement* de la France. *La ruine, le démembrement*, attribués si généreusement à l'Empereur, lui sont, on en conviendra après quelque réflexion, bien étrangers. La preuve la plus péremptoire de son innocence, en ce point du moins, est dans le reproche même de lâcheté qu'on lui jette à la

---

(1) *Discours à l'Assemblée de Versailles*, séance du 30 mai 1871.

figure pour sa capitulation de Sedan. Pourquoi était-il lâche en capitulant? Sans doute parce qu'il pouvait se défendre et ne l'a pas voulu ; car, s'il n'avait pas pu se défendre, il ne serait pas lâche. Or si vous l'accusez de lâcheté, c'est pour avoir déclaré, par sa capitulation, qu'il ne croyait plus la défense possible. Eh bien, comme la ruine et le démembrement sont le résultat de la résistance prolongée, de la guerre à outrance, ne dites donc pas que la ruine et le démembrement sont imputables à l'Empereur.

La capitulation de Sedan, qui n'est autre que celle de Sadowa, de Solférino, de Sébastopol pour les vaincus, était un acte de sagesse dont l'effet devait être un traité honorable et modéré. Paris, emporté dans son vertige accoutumé, a répondu à la capitulation de Sedan par une Révolution et une République.

De là date la ruine et le démembrement de la France.

Le Gouvernement de la *défense*, de la *dépense* ou de la *défaite* nationale, trouvant dans l'indignité de son origine un obstacle insurmontable à la paix, qui eût été faite, sans la révolution du 4 septembre, s'est jeté dans les convulsions de la guerre.

Paris, inutilement héroïque, a dû succomber sans secours extérieurs. De la Révolution du 4 septembre est née la Révolution des 18 et 26 mars. Le fanatisme d'une population révolutionnaire se séparant de la France ou s'imposant à la France, tel est le dernier terme du délire démagogique dont notre pays est tout à la fois spectateur, victime et coupable. Prenez-vous en donc aux vrais coupables de la ruine et du démembrement de la France.

En résumé.

Quelques mois à peine nous séparent du jour où quelques points noirs apparaissaient à l'horizon. Ces taches se sont développées et ont assombri tout le ciel. L'orage a grondé ; l'éclair a sillonné la nue, et bientôt la plus effroyable tempête a bouleversé la plaine et la montagne, le pays tout entier. Un abîme profond a englouti les hommes et la société elle-même. De l'autre côté du gouffre nous apercevons encore ces contrées riantes où, pendant vingt années, ont régné la sécurité, la prospérité, la grandeur avec le repos et le travail, tandis que sur ces bords désolés où nous sommes, habitent la discorde, la haine, l'envie, l'anarchie, la fureur, le chaos. La défaite du champ de bataille, loin de serrer nos rangs et d'y mettre l'union, n'y a semé que le plus odieux désordre.

La vérité et la raison, seuls guides des hommes, semblent exilées de la France. Un grand esprit du siècle dernier, Voltaire, dit, dans un de ces traités, étincelants de verve et de génie pratique :

« Alors la politique régnait à Rome : elle avait pour minis-
» tres... l'ignorance, le fanatisme, la fureur. La pauvreté les
» suivait partout. La raison se cachait dans un puits avec la
» vérité, sa fille. Personne ne savait où était ce puits ; et si l'on
» s'en était douté, on y serait descendu pour égorger la fille et
» la mère (¹). »

Le rapprochement de cette pensée avec la situation actuelle n'est-il pas flagrant à tous les yeux ? Et Paris a-t-il rien à envier au triste sort de Rome à cette époque ? Notre patriotisme nous impose, disions-nous, le rôle ingrat de la vérité. Nous la dirons, en effet, telle qu'elle nous apparaît du moins, et doive-t-elle être sévère et impopulaire aujourd'hui.

La France, selon nous, n'a pas d'ennemi plus redoutable pour elle qu'elle-même. Sa soif ardente de mouvement, d'agitation, de changement de résolution, la ronge et la dévore. Cet insatiable appétit, caractérisé par ce trivial dicton : « Ote-toi de là, « que je m'y mette, » est d'une odieuse vérité sociale. C'est comme un chancre qui épuise ses forces. Là, selon nous, est le germe caché de sa destruction. Il faut donc, connaissant le siége du mal, chercher à le guérir. Avec la guérison viendra l'épanouissement de ces forces vitales, si florissantes, si variées, si fécondes en ce riche pays. Laissez-leur seulement le loisir de se développer. N'interrompez pas leur cours par des convulsions périodiques qui en paralysent l'essor et en tarissent la source.

Ce procédé, si simple en théorie, rencontre dans l'application un obstacle, un seul ; mais il est insurmontable : c'est l'esprit de parti.

L'esprit de parti est l'agent le plus actif, le plus énergique, le plus corrosif, le plus persistant, de la destruction sociale en France. Contre le Gouvernement établi, tous les autres partis coalisés engagent la lutte ouverte ou cachée. Dans cette croi-

______

(¹) Voltaire : *Eloge historique de la raison*, t. XLIV, page 488.

sade politique seront-ils accessibles aux conseils de la sagesse, du patriotisme? Accueilleront-ils les concessions? Jamais. La sagesse, le patriotisme s'épuiseront en vaines remontrances. Ce qu'il leur faut à tout prix, c'est le pouvoir. Tant qu'il ne l'ont pas arraché aux mains qui en sont dépositaires, sous un prétexte ou sous un autre, ils continuent la lutte. Et c'est cette lutte qui agite sans cesse le pays. Parviennent-ils enfin à renverser le Gouvernement, et c'est ce qui arrive inévitablement sous le feu croisé de ces oppositions implacables ; un état provisoire, conséquence du coup de main révolutionnaire, s'établit d'abord. Tous les partis, sans désarmer, forment une sorte de trève, qui, sous le nom de République, ajourne toutes les espérauces. C'est cette forme intermédiaire qui, dit-on, divise le moins, probablement parce qu'elle engage la moins, en réservant toutes les convoitises. Aussi sont-elles toutes aux aguets, accrues des regrets du régime déchu.

C'est à qui de tous ces partis, surveillant le but, se jettera sur la proie au moment propice. Celui qui la saisira le premier deviendra, à l'instant même, le point de mire des attaques, coalisées de nouveau, des trois autres. Car pour préciser des faits du reste assez manifestes, les Imperialistes, les Orléanistes, les Légitimistes, fusionnés ou purs, les Républicains sont les éléments irréconciliables de notre dissolution sociale.

Tant qu'ils seront inconciliables, c'est la guerre à outrance sous forme de révolution.

Telle est la maladie chronique de la France.

Cherchez ailleurs la cause de nos maux. Selon nous, vous ne la trouverez pas. Aujourd'hui elle est compliquée d'une cruelle souffrance : celle de nos défaites.

Mais cette souffrance, qui le croirait? n'est en quelque sorte aujourd'hui qu'un accessoire, et en tous cas qu'une aggravation au mal principal. Oui, notre maladie principale, même en ces désolations de la patrie vaincue, c'est la maladie révolutionnaire ; car sans elle, répétons-le, à Sedan, l'Empire français battu, mais non renversé, non humilié, traitait de la paix avec honneur, avec modération, comme l'Empire autrichien à Sadowa. Notre dignité, nos intérêts eussent été sauvegardés. *L'invasion* eût été, après quelques semaines, refoulée. *La ruine, le démem-*

brement, fruits amers de la guerre révolutionnaire à outrance, nous eussent été épargnés, et nos plaies, aujourd'hui toutes saignantes, hélas ! toutes béantes, seraient déjà cicatrisées.

Mais cela n'eût pas fait le compte des révolutionnaires et de leurs complices : les partis. Tant que les partis n'auront pas désarmé, la révolution sera menaçante. Le jour où les partis auront disparu, ce jour-là la révolution, réduite à ses propres forces, est frappée d'impuissance.

Mais ce qui aggrave encore, à l'heure présente, l'horreur de la situation, c'est la présence de l'étranger vainqueur et témoin de nos divisions intestines. Quoi ! nous prétendions le vaincre, et nous ne pouvons pas même vaincre nos dissensions. Nous sommes désunis entre nous ; comment pouvions-nous être unis contre lui ? La désunion des Saxons, des Wurtembergeois, des bons habitants du duché de Nassau avec les Prussiens, n'a-t-elle pas fait place, hélas ! à leur union sur le champ de bataille contre la France ?

Chez nous, au contraire, loin de nous serrer autour de la patrie souffrante, nous irritons ses blessures : la misère, la guerre civile succèdent à la guerre étrangère. Nos plaies sont toutes vives, et des mains impies les enveniment et les déchirent.

Malheureuse nation, douée tout à la fois de l'esprit le plus communicatif et le plus séduisant, des qualités les plus brillantes et les plus variées, et en même temps des défauts les plus incurables et les plus graves. Véritable Protée, prenant tour à tour toutes les formes les plus charmantes et les plus monstrueuses ; adorable par l'esprit, la grâce, le génie, puis repoussant par l'ignominie de ses fureurs et de ses passions ; type d'élégance, de courtoisie, et tout à l'heure hideuse, comme une harpie, par son cynisme et sa férocité, tantôt merveilleuse d'atticisme et de bon goût, tantôt sauvage et altérée de sang comme une peuplade d'anthropophages, de cannibales, impitoyablement acharnés sur une innocente victime. Oui, elle doit être adorée et maudite, comme ces femmes, anges et démons, qui portent le ravage dans le cœur et dans l'esprit d'une jeunesse éperdue. C'est le délire et c'est la vie. C'est le ciel et c'est l'enfer.

Une divinité même, au temps du paganisme, aurait-elle jamais pu gouverner une semblable nation ? (V. p. 38.)

Il faut pourtant la gouverner. Et pour cela, une seule condition est, à nos yeux, nécessaire, indispensable ; c'est qu'elle renonce à sa mobilité révolutionnaire.

Que la nation française, éclairée par l'expérience, calmée par ses souffrances, épuisée par ses longues épreuves, se repose enfin de ses convulsives agitations ; qu'elle adopte une forme définitive de gouvernement, République, Monarchie autoritaire, traditionnelle ou parlementaire. Qu'elle arrête son choix en toute liberté, avec réflexion, maturité, indépendance, et qu'elle s'y tienne avec fixité. A ce prix est sa grandeur, sa prépondérance, aujourd'hui si compromise en Europe. Elle est maintenant bien affaiblie, bien abaissée, bien humiliée. Eh bien ! qu'elle étouffe en son sein le souffle révolutionnaire qui l'inspire et la dévore, et tout n'est peut-être pas perdu.

Il est assurément tard, mais il est temps encore, si elle le veut résolument. Il est temps encore, malgré l'épuisement de ses forces ; il est encore temps peut-être de lutter contre cette décadence dont elle semble menacée, mais à une condition suprême : le rétablissement de *l'autorité* tutélaire, respectée.

L'anarchie nous perd. *L'autorité* seule peut nous sauver, parce que le règne de la foule représente la violence et l'erreur : *l'autorité* sage, modérée, éclairée, représente la raison et la vérité [1].

---

[1] Un général prussien, s'expliquant sur les causes, à ses yeux, de nos effroyables désastres, me disait : « L'indiscipline vous a perdus dans la guerre » et dans la paix. L'indiscipline militaire amène les défaites ; l'indiscipline » sociale amène les révolutions. Vous avez d'éclatantes qualités et une » maladie mortelle, la maladie révolutionnaire, maladie qui vous ronge, vous » mine et vous met, par des accès périodiques, à deux doigts de votre perte. » Vous réparez vos forces, vous revenez à la vie, à la santé. Vite une révolu- » tion nouvelle vous épuise de nouveau. Chez nous, il n'en est rien. Nous » sommes moins brillants que vous, mais plus sages, plus disciplinés. La dis- » cipline centuple les forces d'une nation, dans la paix comme dans la guerre ; » la discipline nous est inspirée par la haine des révolutions et le respect de » l'autorité. Prenez-en un exemple dans la guerre actuelle : vous répétez » souvent en France que nos succès nous viennent de M. de Bismark et de » M. le général de Moltke. Nous, sans méconnaître le mérite d'un grand » homme d'Etat, d'un grand homme de guerre, nous reportons sans cesse, » comme eux-mêmes, le principal honneur des ordres, des plans politiques et » militaires à notre roi, à notre empereur. Pourquoi ? Par suite d'un senti- » ment hiérarchique, sans lequel il n'y a pas de discipline. Un grand ministre, » un grand général meurt et emporte tout avec lui. Le Souverain ne meurt » pas. Nous aimons à perpétuer en lui notre confiance, notre foi monarchique, » convaincus qu'il est la personnification du sentiment national. »

CHAPITRE V.

MOBILITÉ DU CARACTÈRE FRANÇAIS.

§ 1er. — *Chute des différents gouvernements en France.*

Le caractère français n'est pas seulement mobile ; il est in-
conséquent (¹). Il est tour à tour pacifique ou guerrier ; calme
ou ardent ; crédule ou incrédule ; défiant ou confiant ; soupçon-
neux, sceptique ou patient ; bienveillant ou malveillant et om-
brageux ; soumis ou insubordonné ; monarchique ou républicain ;
épris de la liberté jusqu'à la licence, de l'autorité jusqu'à la
dictature ; léger ou sérieux ; matérialiste dans ses goûts somp-
tueux, dans son bien-être, ou fantasque dans ses théories imaginaires ; bon, généreux, humain, brave jusqu'à l'héroïsme, ou
dur, cruel, féroce dans ses fureurs et ses haines jusqu'à la lâcheté
de la foule ameutée contre un seul, inoffensif et innocent. Tantôt affolé d'un libéralisme intermittent, tantôt recherchant le
joug d'un pouvoir absolu dont il sent la nécessité ; allant sans
cesse, comme le balancier, d'une extrémité du pendule à l'autre
extrémité, sans fixité, sans aplomb dans ses mouvements brus-
ques, désordonnés et violents jusqu'à la rupture de tous les res-
sorts ; criant, le matin, vive le Roi ! et, le soir, vive la Ligue !

(¹) Un historien, déjà cité ici à propos des frontières naturelles de la
France (p. 13), donne des Gaulois un portrait assez curieux :
« C'était, dit-il, un peuple irritable et fou de guerre, prompt au combat,
» ne craignant ni les hommes ni le ciel, faisant bon marché de sa vie, ne
» reculant jamais, par point d'honneur. Leur plus grand plaisir après, celui
» de se battre, c'était d'entourer le voyageur étranger, de le faire asseoir avec
» eux bon gré malgré, de lui faire dire les histoires des terres lointaines. Eux-
» mêmes, parleurs infatigables, hyperboliques. C'était une affaire dans leurs
» assemblées de maintenir la parole à l'orateur au milieu des interruptions.
» Peuple de bruit et de mouvement, il n'a guère changé, malgré le mélange
» successif des races. »

Vive l'armée, vive la ligne ! ou bien à bas les mouchards ! à bas les assassins! que l'émeute désarme, fusille, assassine lâchement. Dans les temps paisibles et prospères, dont le repos et la prospérité sont précisément le fruit de la sage administration d'un gouvernement réparateur et momentanément respecté, l'opposition déclame contre l'organisation et l'obéissance servile de l'armée. « L'armée, disait cette opposition, charge énorme pour nos campagnes, salariée, stipendiée par l'Etat, forme un corps de prétoriens, de janissaires, vils suppôts du pouvoir. Traitée comme une troupe de parias dans notre société moderne, elle ne jouit ni des droits de citoyens, ni des bienfaits de la liberté : elle ne participe à la discussion de nos intérêts communs ni dans les réunions publiques ni dans les débats de la presse. C'est une exclusion intolérable, odieuse ; c'est l'esclavage de l'armée. »

Tel est bien le langage de l'opposition, unie, coalisée, de tout temps, contre les institutions politiques et militaires du pays, contre le gouvernement qu'elle attaque et veut détruire.

Ce gouvernement lui-même est un monstre de tyrannie et d'oppression.

Est-ce le gouvernement impérial de Napoléon Ier ?

Ce gouvernement plonge la nation dans les horreurs de la guerre, suscitée par son ambition insatiable de conquêtes. C'est l'épuisement du pays pour la passion d'un seul homme. Cet homme, c'est l'ogre de Corse. A bas le despote !

Est-ce le gouvernement de la légitimité ?

Ce gouvernement est celui des Tartuffes et des émigrés. Rapporté en France au bout des baïonnettes étrangères, il lui est imposé par l'invasion des alliés. Répudié comme une exhumation surannée de l'ancien régime, il est une protestation inacceptable contre l'esprit moderne de la Révolution de 89. C'est le drapeau blanc substitué au drapeau tricolore.

A bas les blancs ! A bas les chouans !

Est-ce le gouvernement de la branche cadette ?

Gouvernement bâtard, disait-on, gouvernement d'eunuques, répudié par la légitimité, par le principe de la souveraineté nationale ; gouvernement sans origine et sans base, qui ne repose ni sur sur la tradition ni sur l'élection ; ballotté par tous les vents, comme un frêle esquif, sans aviron, sur une mer sans rivages et sans port. Gouvernement de la paix à tout prix, pour-

suivi par toutes les fureurs des partis en délire, ameutant contre lui toutes les passions de famille et d'honneur national ; em-
pruntant à la Révolution de 93 ses plus sanglants souvenirs, à
la Vendée ses cris de guerre civile, ses incarcérations de Blaye,
le déshonneur du sang ; à la vie publique ses malédictions, à la
vie privée les plus monstrueuses calomnies. Et puis, sous toutes
ces abominables clameurs éclate la révolution du mépris !

A bas la maison d'Orléans ! A bas les Bourbons !

Est-ce le second Empire ?

C'est l'ère du despotisme restauré. Ce sont les proscriptions en
masse. C'est le règne du bon plaisir, de la corruption. L'entou-
rage de l'Empereur, c'est la dilapidation du trésor public, c'est la
ruine de la France. Il vit dans la dissolution, dans les orgies, à
l'Élysée, y roulant, oserons-nous répéter ces grossières invec-
tives, ivre-mort sous la table ; aux Tuileries, plongé dans les
brouillards d'innombrables cigares.

Despote, avide de guerre, guerre dynastique, trahissant la
France.

A bas le traître ! A bas le lâche de Sedan !

Et tant d'autres injures honteuses dont ce pays-ci abreuve
ceux qui touchent au pouvoir, ministres ou souverains, et dans
lesquelles nous ne voulons pas tremper la plume.

Telle est la nomenclature des Gouvernements successivement
discrédités, déshonorés, renversés en France depuis un siècle,
sous d'odieuses calomnies. Pas un n'a tenu pied depuis
Louis XVI, immolé, comme sa famille, sur l'échafaud, jusqu'au
prisonnier de Willemshoë, neveu-héritier du captif de Sainte-
Hélène.

Quelque douloureux que soit à la pensée ce martyrologe monarchique, révoltant d'injustice et de mensonge, nous croyons
rendre service à notre pays en lui mettant sous les yeux les turpitudes dont la vile multitude se rend systématiquement coupable. Ce qui d'ailleurs d'un côté allége, et de l'autre aggrave ces
effroyables égarements de l'esprit public, c'est la légèreté et
l'inconséquence avec lesquelles cette nation passe de la fureur à la
gaieté, de la haine à l'enthousiasme, de la calomnie à la louange,
de la proscription à la tendresse fanatique, du mépris à l'engoue-
ment. Pour le prouver, reprenons le cours sommaire de ces évo-

lutions fantastiques du sentiment public. Elles sont instinctives pour le philosophe et l'homme d'Etat.

L'armée, disions-nous, est la cible sur laquelle l'opposition tire avec persistance, cherchant à la cribler de ses traits et à la détruire pièce à pièce. Vienne une de ces révolutions qui maintenant passent en France à l'état de rouage gouvernemental, l'opposition, par suite d'un coup de main, usuel aujourd'hui, court avec quelques vauriens, ramassés dans les ruisseaux, à l'Hôtel-de-Ville, et proclame la République, la Commune, ou telle autre curiosité, à son goût. Cette espèce de gouvernement s'installe, au milieu de sa propre usurpation, dans toutes les bonnes places, dans tous les bons hôtels que ces Messieurs ont déjà occupés, au même titre, dans la précédente Révolution, de 1848 par exemple. Ce titre, c'est leur fantaisie : « Moi, dit l'un, » j'ai déjà été garde-des-sceaux ; je serais un sot de ne pas le » redevenir encore. Toi, gibier de police correctionnelle, où tu as » déployé tes ailes oratoires, empare-toi du ministère de l'inté- » rieur, où tu ouvriras les prisons à tous tes clients que ton élo - » quence y avait fait enfermer, au grand profit de ton éloquence » politique. De l'intérieur tu es appelé par le clairon au minis » tère de la guerre ; entonne la trompette guerrière à outrance. »

L'avocat-guerrier ne trouve pas un soldat sous les armes. L'armée désorganisée, indisciplinée, malgré son courage, a succombé ; l'opposition, devenue gouvernement, se récrie, veut former des phalanges, jurant, mais un peu tard, qu'on... l'y prendrait encore au premier retour d'un gouvernement autre que le sien.

La France, prise en flagrant délit d'indiscipline militaire et sociale, subit la loi de l'envahisseur étranger, et vaincue, hélas ! par lui, passant sous ses fourches caudines, elle s'insurge elle-même et donne à notre ennemi vainqueur le spectacle honteux de nos misères et de nos divisions intestines. Pour comble de confusion et de remords, si elle en était capable, cette opposition, transformée en gouvernement *conservateur*... de sa propre existence, se voit, sans armée, exposée, livrée sans défense à ses camarades de l'ancienne opposition. Sans armée, que faire ? Les insurgés d'aujourd'hui crient à l'armée d'autrefois :

« Qu'allez-vous faire ?

» Vous allez quitter votre frère,

» L'égorger peut-être. Arrêtez ; ne nous frappez pas ! »

Et les soldats, ne sachant à qui entendre des gouvernants d'aujourd'hui ou des révolutionnaires d'hier, hésitent, reculent, fraternisent avec les insurgés ; et le gouvernement, abandonné de l'armée, qui ne s'y reconnaît plus entre ces deux doctrines contradictoires des mêmes hommes du 4 septembre, selon qu'ils sont gouvernés ou gouvernants, se voit victime de ses déclamations révolutionnaires, et prêt à sombrer ou à mendier le secours de nos impitoyables vainqueurs, témoins de notre impuissance vis-à-vis de l'insurrection comme vis-à-vis de leurs canons Krupp.

Heureusement pour nos ministres républicains, cette armée de Sedan, cette garde impériale prisonnière à Metz, ressuscite de sa captivité ; et électrisée par la voix du héros, maréchal de l'Empire, duc de Magenta, et de l'illustre chef du Pouvoir exécutif, son inébranlable ami, elle s'élance avec autant de douleur patriotique que de valeur héroïque au secours de la patrie éplorée ! et la République, grâce à la garde impériale et à l'armée est sauvée ! Honni soit qui mal y pense ! Et de cet épisode suprême tirons cet enseignement à l'adresse de l'opposition triomphante, mais à deux doigts de sa perte dans son récent triomphe : qu'à quelque chose malheur est bon, et que cette armée, tant démoralisée, tant décriée, décomposée par eux, se reforme et généreusement se fait, avec une magnanime abnégation, mitrailler pour protéger ceux-là mêmes qui la flétrissaient naguère d'épithètes injurieuses. N'est-ce pas cette opposition, en effet, qui, avant le 4 septembre, l'appelait une troupe de mercenaires, de vils suppôts du pouvoir, de prétoriens, d'assassins du *peuple ?* N'est-ce pas elle aujourd'hui qui lance, avec raison, ces vaillantes cohortes sur ce *peuple* de Paris, exalté par l'émeute, fanatisé par le limon révolutionnaire ? Armée héroïque supérieure à leurs outrages et se faisant tuer par sentiment du devoir pour sauver la patrie.

§ 2. — *Définition des différentes formes de gouvernement.*

Le gouvernement du premier Empire a été conquérant et absolu, c'est vrai ; mais la génération qui a succédé à celle des sacrifices et du dévouement paie son écot à la grandeur et à la gloire de ce règne gigantesque par une admiration et une foi légendaire. Charlemagne, Louis XIV, Charles XII, Pierre-le-

Grand ne comptaient pas avec les susceptibilités parlementaires pour fonder l'immortalité de leur gloire et la puissance de la France, de la Suède et de la Russie.

Le gouvernement de la Restauration avait son origine dans le droit divin. Il est la négation du principe révolutionnaire et la caution de la France auprès de l'Europe monarchique. Associé aux idées nouvelles, il pourrait jouer encore un grand rôle dans le monde.

La maison d'Orléans, pénétrée du sentiment national, dirigée par un chef habile, expérimenté, père d'une famille nombreuse, honorée, de jeunes princes élevés dans nos colléges avec nous tous, distingués par leur esprit, initiés à toutes les tendances, à tous les nobles élans de cette régénération sociale et pacifique, semblait la personnifier dans son génie conservateur et bourgeois. L'école parlementaire était radieuse par son éclat oratoire et sa pléiade d'hommes d'Etat. Jamais l'éloquence de la tribune n'avait charmé le forum par un spectacle plus imposant et plus digne d'une nation libre et maîtresse de ses destinées. Malheureusement, ce fut la splendeur même de la lutte qui en provoqua le dénouement, comme l'excès de la prospérité et du luxe en prépara la décadence. L'arène parlementaire fut livrée aux combats de l'ambition, aux compétitions de l'amour-propre, des intérêts individuels ; et la grande voix du pays fut étouffée sous les calculs et les murmures de la cupidité électorale. Au Palais-Bourbon comme dans les circonscriptions du suffrage restreint, c'était un marchandage de toutes les intrigues, de toutes les consciences, dont s'indignait l'honneur d'un de nos orateurs les plus estimés, s'écriant : « Chassons les marchands du Temple [1] ». De là les récriminations haineuses, les personnalités blessantes, les insinuations perfides, les accusations envenimées dont les scories éclaboussaient les hommes les plus éminents et la dynastie elle-même. Elle y périt.

Le second Empire dut sa naissance à la réaction du patriotisme vers la gloire au dehors et l'ordre au dedans. Les conquêtes du Consulat et de l'Empire, la compression du chaos révolutionnaire séduisirent, en 1848, un peuple humilié d'un règne bourgeois et d'une république grotesque.

____

[1] M. Léon de Malleville.

Un prince parut, que son nom et le prestige de sa race dési-
gnaient à la faveur populaire. Un certain mélange d'audace et
de méditation rêveuse plaisait à l'esprit Français, comme aussi
le souvenir charmant de sa mère, la reine Hortense. Le flot
populaire, un courant irrésistible, le porta au palais de l'Elysée,
et bientôt à celui des Tuileries.

La Restauration avait été une sorte de protestation contre les
crimes de 1793. Le second Empire fut une sorte de réparation
de la chute du premier Empire, tombant sous la coalition étrangère. Une des puissances alliées en 1815, la Prusse, grandie
dans les armes, nous a vaincus à Reichshoffen et à Sedan, comme
l'Autriche à Sadowa. C'était une cruelle douleur pour la France,
sans aucun doute ; mais c'était une surprise, et rien de plus
dans cette tentative nationale contre la Prusse. Le démon révolutionnaire en a fait pour la France une ruine et une honte.

Voilà la vérité. — L'histoire le dira. La postérité l'attestera.
Mais en attendant cette réparation lointaine et tardive, que faire?
que résoudre? La France se meurt. La France est morte, selon
la grande parole de Bossuet. La France ne peut pas mourir. Il
faut donc aviser.

§ 3. — *Solution à chercher.*

Grâce à la chute chronique de tant de Gouvernements en
France, le sol est couvert de décombres et le nombre des pré-
tendants successivement croissant. Comme un pays ne peut pas
vivre sans un Gouvernement, il en faut un, et ne pouvant aller
à l'étranger, comme l'Espagne, pour le chercher, il faut bien le
prendre chez nous. Or il faut d'abord savoir quelle est la forme
préférable ou préférée.

Est-ce la forme républicaine? Est-ce la forme monarchique?
Si c'est la forme monarchique, quelle est la monarchie? Constitutionnelle, parlementaire, autoritaire?

Définie par des noms. Est-ce la monarchie traditionnelle, légitimité ; parlementaire, orléaniste ; ou autoritaire, comme
l'Empire, dans les conditions de 1852 ou de 1870?

La République installée, chacun sait comment, le 4 septembre,
a végété plus ou moins heureusement depuis cette date jusqu'à
ce jour, sous la réserve f melle de la décision *définitive* du pays

Le pays aura donc à manifester son choix.

Choisira-t-il la République? Sera-t-il d'avis que c'est la forme qui divise le moins ?

Parlons franchement. Qu'avons-nous, en effet, à cacher dans les graves conjonctures où se trouve la France? Peut-il être pour personne question de ses préférences, de ses prédilections, de ses habitudes? L'esprit de parti ou de parti-pris n'a-t-il pas causé d'assez tristes ravages dans notre malheureux pays ? Ne serait-ce pas un crime de continuer à suivre ses inspirations au milieu du deuil de la patrie? Depuis trop d'années, hélas ! il mine, sape et ravage toutes nos institutions. L'esprit de parti est le ver rongeur, le termite destructeur de notre organisation sociale. L'esprit de parti tenace, impitoyable, est absolu, exclusif, ardent, passionné. Procuste politique, il prétend soumettre tous les gouvernements, toutes les consciences à ses prescriptions, à ses mutilations, à ses amputations orthopédiques. Son propre régime seul peut satisfaire son *parti-pris*, sa passion, sa haine, ses intérêts. L'intérêt du pays est nul à ses yeux. Au triomphe de son système, le seul admissible pour son amour-propre comme pour son avantage personnel, qu'il décore toujours du nom de convictions politiques, il sacrifie sans pitié le présent et l'avenir, l'intérêt général, dont il se soucie peu. Et ces fureurs de l'esprit de parti passionnent également tous les partis, républicains et monarchistes. En constatant cette déplorable vérité, cherchons à nous en éclairer. Tirons-en un utile et patriotique enseignement. Ne soyons plus sourds à la voix de la patrie en pleurs.

Examinons donc froidement, impartialement les conditions de sa vie sociale, si profondément troublée, menacée, et cherchons loyalement les procédés possibles de rétablissement, de guérison.

Un des plus graves défauts de l'école républicaine en France est son intolérance et sa suspicion ombrageuse : elle soupçonne tous ceux qui ne sont point patentés par elle, inscrits par elle sur la liste de ses adeptes, d'être des faux frères, des traîtres. C'est ainsi qu'en 1848 elle a débuté à l'Assemblée constituante par des soupçons et des témoignages d'incrédulité ironique vis-à-vis de tous ceux qui, selon elle, acclamaient de mauvaise *foi*, 17 *fois* dans une même séance, la République nouvelle.

Qu'il y eût dans tous les cœurs un culte fervent, une conviction invétérée des mérites infaillibles du régime nouveau, c'était en effet douteux. Mais pourquoi suspecter la sincérité d'élus du pays qui loyalement acceptent l'épreuve républicaine? Ces sarcasmes sceptiques n'étaient-ils pas injurieux à la conscience des hommes honnêtes qui, honnêtement, étaient résolus à l'essai impartial et réfléchi du nouveau régime? N'était-ce pas propre à les décourager et à les éloigner d'un système si absolu dans ses pratiques?

On peut donc, sans être républicain par la foi, se résigner par raison à cet essai. S'il réussit, tant mieux! Et pourquoi n'y pas persévérer alors? Mais il faut convenir que la première condition de succès, c'est que la République ne soit pas administrée par des républicains, si ce n'est exceptionnellement par quelques-uns, honorés. Ce n'est pas en apparence très-logique; mais c'est indispensable, par ce motif que les républicains, généralement, font peur. (Avant-propos.)

Et, en effet, voyez leur puritanisme de sectaires. Ils ont des airs farouches qui éloignent d'eux le prosélytisme. Mais entourez vos doctrines de formes plus conciliantes, plus courtoises, et vos principes, plus acceptables, trouveront peut-être un accès plus facile auprès de populations plus favorablement prévenues.

Pourquoi repousser, en effet, une République sage, modérée?

Malheureusement, elle ne se présente pas avec ce caractère; l'exagération, les excès, la violence, l'agitation semblent l'entourer d'écueils où elle vient se briser. Et si l'instabilité compromet si habituellement nos destinées, il faut reconnaître que ce péril est plus menaçant sous le régime républicain que sons tout autre. La République passe aisément à la Terreur.

Voltaire, vantant beaucoup la simplicité et les vertus de la République helvétique, en attribue le mérite à des conditions spéciales. « Mais, dit-il, il y a bien peu de Républiques dans le » monde, et encore doivent-elles leur liberté à leurs rochers ou » à la mer qui les défend. Les hommes sont très-rarement » dignes de se gouverner eux-mêmes. » (Voltaire : *Suisse*, 16, p. 278.)

Il n'est donc pas probable que la République puisse s'acclimater en France.

S'il en est ainsi, c'est la Monarchie qui sera préférée. Laquelle ?

La Légitimité a pour elle la grandeur des souvenirs ; la Monarchie de saint Louis, de François Ier, de Louis XIV, a des racines profondes dans notre histoire : les champs de bataille de Tolbiac, de Bouvines et de la Terre-Sainte portent l'empreinte d'une autre gloire que ceux de la rue Transnonain, de Montmartre ou de Belleville. Les croisades et les expéditions chevaleresques du vieux monde vers le nouveau monde, émancipant les Etats-Unis d'Amérique, entourent d'un autre éclat les noms des Philippe-Auguste, des Pierre l'Ermite, Thibaut de Champagne, Godefroi de Bouillon, Rochambeau, La Fayette, que les exploits de *Risquons-Tout* ou de l'Hôtel-de-Ville, siége de la *Commune*, proclamant la République, l'athéisme, l'assassinat et le pillage, sous les *noms anonymes* ou exécrés de nos séparatistes modernes.

La Monarchie de nos pères, qui avait pour base la foi de nos pères, a donc sa grandeur et sa stabilité séculaires. Les secousses volcaniques de nos révolutions chroniques ébranlent le sol sous nos pas, et les plus résolus libéraux de notre ère moderne peuvent, avec quelque raison et quelque patriotisme, tourner leurs regards attristés et désespérés vers ces rives monarchiques de l'ancien régime où fleurissaient les traditions de gloire, de chevalerie et d'hérédité.

L'amour du pays peut donc *très-légitimement* sonder les consciences politiques du suffrage universel lui-même, et leur demander si, à leur gré, l'alliance de la liberté de 89, pure de tout alliage avec l'anarchie des énergumènes révolutionnaires, ne pourrait pas se former entre la France moderne et l'antique monarchie. Gardienne des respects du passé, cette monarchie des Bourbons prendrait d'une main le drapeau tricolore, symbole de notre émancipation nationale, et de l'autre l'hérédité de la famille royale ; à défaut d'héritiers directs, le comte de Chambord aurait, comme héritiers du sang, les princes de la maison d'Orléans, gage de durée et d'avenir. Ainsi cette monarchie des Bourbons ne pourrait-elle pas renouer la chaîne des siècles ? Le trône de Louis XVI, ce monarque infortuné et libéral autant que magnanime, rétabli sur les fondements de la monarchie constitutionnelle, rêvée par ces nobles esprits qui s'appelaient les Girondins, s'élèverait comme l'emblême de l'union entre l'antique dynastie de nos rois et l'ère nouvelle de 89. Cimentée par la stabilité séculaire de l'hérédité, et par les sympathies de l'Europe pour ce retour de la France aux traditions dynastiques, cette union ne fermerait-elle pas l'ère des révolutions?

Mais pour réaliser de semblables espérances, il faudrait, ce qu'on dit impossible, la régénération du prince appelé à ce rôle suprême. Il faudrait que, dégagé des entraves, des préjugés qui ont perdu sa race, il se transformât en souverain du XIXe siècle.

On prétend que cette mission est incompatible avec la nature anté-diluvienne d'un prince qui n'est pas de son temps, et qu'elle trébucherait dès ses premiers pas en France, où il ne rentrerait qu'avec le cortége de ses vieux abus, de ses vieux émigrés.

Laissons donc de côté une combinaison, bien impartiale de notre part, et renonçons à un espoir qui semble être une illusion.

Un autre courant paraît porter l'opinion publique vers la famille d'Orléans. Le roi Louis-Philippe, quand le temps aura pacifié les hostilités contemporaines, aura certainement une grande place dans l'histoire. Ses lumières, sa sagesse, sa haute raison, ses vertus privées en feront un des souverains les plus estimables entre tous. Ses fils, élevés simplement dans nos colléges, avec nous, formèrent une pépinière de jeunes princes distingués et mêlés à la jeune génération. Aucune communauté ne paraissait pouvoir être plus intime entre la nation entière et son gouvernement : la vie parlementaire dans son expansion la plus communicative, s'épanouissait avec éclat. Jamais la tribune n'avait retenti d'accents plus éloquents. Jamais la popularité n'avait eu de plus belles apparences de riches et abondantes moissons.

> « Comment en un plomb vil l'or pur s'est-il changé ? »

Comment en orages soudains un ciel azuré et si radieux ? Comment tant d'éléments de prospérité et d'harmonie en désaccords et en émeutes, bientôt en corruption et en révolution ? *Le mépris,* disait-on, a renversé en quelques années tout cet édifice parlementaire et bourgeois.

La classe moyenne a fait place à la démocratie.

La royauté de la bourgeoisie, désavouée, répudiée par le chef de sa maison, qui, disait-on naguère, au nom des Bourbons, reprochait inexorablement aux d'Orléans d'avoir été en 1830 des usurpateurs et des renégats du principe de droit divin, est-elle redevenue aujourd'hui possible, sans se greffer sur la branche aînée ?

C'est à la nation d'en juger.

Si la pensée de la monarchie d'Orléans isolée, hybride, hermaphrodite entre la monarchie légitime et la monarchie constitutionnelle, entre la légitimité du droit divin et la souveraineté nationale, ne paraît pas viable ; si la crainte de la voir ballottée de nouveau sur cet océan sans rivages qu'on appelle le gouvernement parlementaire, sans lest, sans boussole, sans ancre de salut, ne permet pas de lui confier encore le commandement du navire, le gouvernail de l'Etat, il faut chercher ailleurs un timonier, un pilote.

Une éventualité nous reste : celle du retour ou plutôt du maintien de l'Empire, car l'Empire, en droit constitutionnel, est encore théoriquement sur ses pieds. Frappé par la bourrasque du 4 septembre, il a été renversé, mais non détruit, et encore moins remplacé. L'Assemblée nommée pour faire la paix, n'avait, malgré sa théorie sur la déchéance impériale, ni qualité pour la prononcer ni mission d'y pourvoir. La nation peut donc seule aujourd'hui faire entendre sa voix et déclarer si l'Empire est tombé ou debout. Malheureux! oui ; coupable! oui, comme tout souverain vaincu ; mais déchu! non, à moins que le suffrage universel le déclare.

L'empire de Napoléon III, né, comme Minerve, tout armé de la pensée et de la volonté nationale, a, pendant vingt ans, tenu parole à son origine. Fort et modéré, il a montré tout à la fois l'énergie et la sagesse du sentiment populaire qui l'avait créé. Vingt ans de règne ont doté le pays de bien-être, de prospérité, de sécurité, de grandeur, d'une vraie liberté, et de gloire. La religion était honorée. Pendant vingt ans, pas une émeute, pas un nuage n'a troublé le cours de nos heureuses destinées. La presse elle-même, contenue par le décret de 1852, avait gagné en dignité ce que le régime des avertissements lui avait imposé de restrictions au principe fatal de la liberté absolue. Et il n'y a rien d'exagéré à dire que l'Empire, sorti des entrailles de la nation, en fut, pendant vingt ans, la représentation fidèle, la vivante image. Expression de principe moderne de la souveraineté nationale, manifestée avec tant de persévérance par le suffrage universel, seul il pouvait remplacer le dogme ancien du droit divin.

Sur cette base, logiquement inébranlable, tant que la nation n'a pas exprimé une résolution contraire, il a, pendant vingt ans, commis incontestablement des fautes ; quel est le gouvernement qui n'en commet pas ? Et notre loyale indépendance est tentée d'oublier aujourd'hui qu'elle n'a pas attendu sa chute pour les combattre et chercher à les prévenir. Oui, des fautes ont été faites ; une surtout, selon nous, était grave, désastreuse : l'expédition du Mexique. Celle-là, il est vrai, était énorme, a pesé d'un poids accablant sur l'Empire, paralysant ses forces, les ressources de la France, en hommes et en argent, dans sa marche intérieure, dans son action au dehors, sur le Rhin par exemple, qui, à certaine époque, eût été à nous, sans coup férir, si nous avions été militairement en mesure d'occuper, avec l'assentiment.tacite de la Prusse, certaines parties des provinces rhénanes.

Telle est la vérité. Oui, c'est après vingt ans de repos et de bonheur que cette même opinion publique, fatiguée de cette monotone félicité, que ne troublaient même pas ces quelques fautes, semble se réveiller, inquiète de sa tranquillité prospère, et aspire au retour de libertés, pendant vingt ans proscrites par la réprobation et la fatigue générale.

L'Empereur, autoritaire par devoir, libéral et même ultra-libéral par goût, va au-devant et au delà de cette impression apparente, et la satisfait à satiété.

Dès ce jour monte le flot de la révolution, qui bientôt moutonne, submerge et brise tout.

La révolution qui, selon ses traditions immémoriales, sous la Ligue, sous la Fronde, en 1652 comme en 1830, en 1848, en 1870, « après avoir commencé dans les salons, avait passé dans » les Assemblées, finit dans la rue : c'est là l'histoire de toutes » ces sortes de crises. » Louis XIV lui-même, on se le rappelle, eut à lutter avec le peuple de Paris, où l'autorité royale fut, au milieu des acclamations populaires et des feux de joie, rétablie dans la plénitude de sa puissance, après y avoir été bombardée par le canon de la Bastille. « Telle est la multitude (¹). » En 1870, le prétexte, ou tout au moins l'occasion, a été la guerre. Mais avant la guerre, la révolution était faite dans les salons, dans la presse, et dans l'Assemblée législative.

La guerre à la Prusse était fatale, nécessaire, inévitable. Malgré la juste terreur qu'inspire et doit inspirer la guerre, dont la proclamation était accompagnée, à Rome même, de solennités si sensées (²), celle de la Prusse était prévue et, oserions-nous dire, appelée par les prévisions de tous les esprits élevés, généreux, comme la seule solution possible aux envahissements hautains et menaçants de cette puissance guerrière, sous la seule réserve que la France fût prête.

Le tort, la faute de l'empereur, nous l'avons dit et le répétons sévèrement, est d'avoir déclaré la guerre avant d'être suffisamment éclairé sur la réalité des ressources, des préparatifs militaires, que lui fournissaient son administration militaire, composée du ministre, de ses agents, du pouvoir parlementaire avec ses commissions, ses exigences politiques, électorales, etc., car tout cela, c'était le Gouvernement nouveau de l'Empire modifié, énervé par les franchises nouvelles et subordonné à des responsabilités qui, aux jours sombres, se dérobent et laissent une seule responsabilité, chargée de tout l'orage et sombrant dans la tempête.

C'est donc pour l'Empereur une responsabilité partagée, allégée, mais enfin lourde encore ; oui. Cependant, elle a sa part dans la responsabilité collective, et notre impartialité politique ne la décline pas.

(¹) *Histoire de France*, par E. Lefranc, t. II, p. 312-316.

(²) Numa bâtit à Janus un temple qu'on tenait fermé dans les temps de paix et qui s'ouvrait aussitôt qu'une guerre venait à éclater. Alors les chefs de la nation, les magistrats, les pontifes, se rendaient solennellement au temple de Janus, détachaient des voûtes du sanctuaire les *ancyles* ou boucliers sacrés les agitaient, frappaient dessus en cadence et criaient tous ensemble : « *Mars*, » *Mars, réveille-toi*. » A l'issue des hostilités, les portes étaient de nouveau fermées, non d'une manière ordinaire, mais par d'énormes portes de fer et par 100 verrous, pour qu'il fût long et difficile de les ouvrir, et que le peuple comprît par là que la guerre, source infinie de calamités, ne doit pas être entre⁻ prise sans d'impérieux motifs, et sans avoir été mûrement délibérée. (*Mytho-logie grecque et latine*, par Jean Humbert, p. 53).

La justice, la raison veulent seulement en tracer la limite. Cette limite est, selon nous, infranchissable : elle est à Sedan.

A Sedan la défaite suprême et la capitulation. A Sedan aussi le traité de paix.

La passion politique, les haines, l'aveuglement ont fait le reste : révolution, république, continuation de la guerre impossible, à outrance, et comme conséquence, ruine et démembrement de la France.

Telle est, dans la profondeur de notre conscience, l'exacte vérité.

L'Empereur a été malheureux, comme tant de souverains vaincus, prisonniers; coupable même, dans une certaine mesure, de sa défaite. Mais cette défaite, circonscrite à la capitulation de Sedan, était réparable. Et aujourd'hui déjà elle serait pour ainsi dire réparée.

Mais enfin cette appréciation, en réalité très-impartiale, n'est pas la loi commune, absolue. Que le pays porte son jugement : son arrêt sera la loi, et c'est elle que tous les partis doivent provoquer et accepter sans murmure, sans appel, sans réserves, sans arrière-pensée, avec serment d'obéissance résolue, dévouée, car c'est le dévouement au pays. C'est, ne nous y trompons pas, le serment politique résolument observé.

L'Empire sera-t-il condamné dans ce suprême verdict? Sa succession sera-t-elle ouverte? A qui alors sera-t-elle dévolue ? A la République, à la Monarchie légitime ou contractuelle :

Que le pays parle et soit obéi, obéi par tous.

Pour atteindre ce but, le plébiscite n'est-il pas la forme la plus propre à fixer nos destinées?

TABLE DES MATIÈRES

Paris. — Imprimerie française et anglaise de E. Brière, rue Saint-Honoré, 257.